MÉMOIRE

DE LA

Généralité de Moulins

PAR L'INTENDANT J. LE VAYER

— 1698 —

Publié, avec une Introduction et des Notes

PAR

PIERRE FLAMENT

Archiviste de l'Allier

MOULINS

LIBRAIRIE HISTORIQUE DU BOURBONNAIS

L. GRÉGOIRE, successeur de H. DUROND

1906

MÉMOIRE

DE LA

Généralité de Moulins

BIBLIOTHÈQUE BOURBONNAISE

MÉMOIRE

DE LA

Généralité
de Moulins

PAR L'INTENDANT J. LE VAYER

Publié, avec une Introduction et des Notes

PAR

Pierre FLAMENT

Archiviste de l'Allier

MOULINS

LIBRAIRIE HISTORIQUE DU BOURBONNAIS

L. GRÉGOIRE, successeur de H. DUROND

1906

Introduction

La publication des mémoires rédigés à la fin du xviiᵉ siècle sur l'ordre du duc de Beauvillier, gendre de Colbert, chef du Conseil des finances, ministre d'état et gouverneur du duc de Bourgogne, père de Louis XV, fut décidée, dans la collection des *Documents inédits sur l'Histoire de France*, le 15 juillet 1876, par arrêté du Ministre de l'instruction publique. Mais cette œuvre considérable, que M. de Boislisle, membre du Comité des travaux historiques, était chargé d'entreprendre, fut interrompue après l'apparition, en 1881, du premier volume qui contenait la description de la généralité de Paris (1).

Déjà précédemment, plusieurs de ces mémoires, soit en totalité, soit en partie, avaient été mis au jour. Dès 1704, le normand Henri de Boulainvilliers, militaire devenu historien politique, en commençait l'analyse et publiait, en 1727, son *État de la France, extrait des mémoires dressés par les intendants du royaume par ordre de Louis XIV pour le duc de Bourgogne*, en trois volumes in-folio. En 1734, paraissait le mémoire de Bàville sur le Languedoc ; en 1739, celui de Bagnols sur la Flandre wallonne (publié de nouveau par A. Desplanque) ; en 1844, celui de Le Fèvre d'Ormesson sur la généralité de Riom, dans les *Tablettes historiques de l'Auvergne* ; en 1860, celui de

(1) *Mémoires des intendants sur l'état des généralités, dressés pour l'instruction du duc de Bourgogne, t. 1, Mémoire de la généralité de Paris...*, Paris, impr. nat., 1881, in-4°.

Miromesnil sur la généralité de Tours. En 1885, au tome II
des *Documents historiques bas-latins, provençaux et français, concernant... la Marche et le Limousin*, M. A. Leroux,
archiviste de la Haute-Vienne, donna, avec d'abondantes
notes, le mémoire de Louis de Bernage, seigneur de Saint-
Maurice, ancien intendant à Moulins, sur la généralité de
Limoges. En 1890, et sur un plan analogue, M. L. Duval,
archiviste de l'Orne, publiait l'*État de la généralité d'Alençon sous Louis XIV* (1), qui n'est autre que la réponse
faite au questionnaire du duc de Beauvillier par M. de
Pomereu, seigneur de la Bretesche, intendant. J'ajouterai
qu'une thèse soutenue à l'Ecole des Chartes, au mois de
janvier 1905, par M. de Beaucorps, sans publier, il est
vrai, le mémoire lui-même, a étudié la généralité d'Orléans
d'après le travail de l'intendant André Jubert de Bouville,
ancien intendant de Limoges, d'Alençon et de Moulins.
Et cette énumération n'est pas complète.

Le mémoire de la généralité de Moulins, établi par
M. Le Vayer, n'est pas lui-même entièrement inédit. De
1885 à 1887, un archiviste de l'Allier, Grassoreille, en
donnait des fragments dans la *Revue bourbonnaise* qu'il
avait fondée; mais, outre que ces extraits intéressent
exclusivement le Bourbonnais, leur publication, provisoire
du reste de l'aveu de l'éditeur, était faite sans notes et la
paternité de l'ouvrage, sur la foi du manuscrit de la bibliothèque de Moulins, était attribuée au successeur de Le
Vayer, M. de Turmenyes de Nointel. Les passages ainsi
publiés sont ceux qui concernent les villes du Bourbonnais (2), les finances et le commerce de la généralité (3),
le gouvernement militaire du Bourbonnais (4), l'organi-

(1) Alençon, in-4°.
(2) Pages 23 à 40 de la présente édition.
(3) *Ibid.*, p. 130 et 161.
(4) *Ibid.*, p. 75 à 88.

sation judiciaire de la même province (1), et enfin le gouvernement ecclésiastique de l'ensemble de la généralité (2). Grassoreille avait préparé du mémoire une édition totale que la maladie lui interdit de terminer; peut-être en retrouverait-on le manuscrit dans ses papiers. La partie nivernaise du travail de M. Le Vayer a paru en 1900 dans le *Bulletin de la Société nivernaise des lettres, sciences et arts,* par les soins de M. R. de Lespinasse, qui l'a fait précéder d'une introduction et l'a accompagnée de quelques notes. Les pages qui traitent de la Haute-Marche, du pays de Combraille et des pays détachés de l'Auvergne sont inédites.

Tous ces travaux des intendants, inégaux en valeur, forment néanmoins un remarquable ensemble, parce qu'ils sont un vaste essai de statistique officielle et parce que l'époque à laquelle en fut ordonnée la rédaction est importante entre toutes celles du règne de Louis XIV. C'est dans le courant de 1697 que l'entreprise fut exécutée; la plupart des intendants avaient, dès la fin de l'année, amassé les matériaux qui leur étaient nécessaires, et les mémoires parvinrent à Paris entre 1698 et 1700 (3). M. Le Vayer dut être prêt un des premiers : « Il est vray, écrivait-il en mars 1698 au contrôleur général (4), que j'ay travaillé par ordre de Monsieur le duc de Beauvilliers, à un mémoire qu'il me demande de la généralité de Moulins, pour l'instruction de Monseigneur le duc de Bourgogne, et que je l'ay envoyé dès le 26 du mois de janvier dernier. Ce petit ouvrage, Monsieur, n'est que trop au-dessous du noble usage auquel il est destiné. Il se sent de la foiblesse de l'autheur, et de

(1) Pages 109 à 116 de la présente édition.
(2) *Ibid.*, p. 61 à 71.
(3) Celui de la généralité de Paris ne fut achevé qu'en mars 1700. (Boislisle, *op. cit.*, p. VII et VIII.)
(4) Arch. nat. G 408.

l'embarras de ses autres occupations pressantes, qui l'ont beaucoup distrait ; mais, tel qu'il est, j'auray l'honneur, Monsieur, de vous le présenter moy mesme, si vous avez la bonté de me permettre un petit voyage à Paris ; sinon, je vous l'envoyeray et je vais le faire mettre au net incessamment. »

Les dernières années du xvii° siècle ont, dans le règne du Grand Roi, une signification particulière. La guerre de la ligue d'Augsbourg venait de se terminer par les traités de Ryswick (septembre et octobre 1697), où, malgré ses victoires, Louis XIV reconnaissait Guillaume III comme roi d'Angleterre, rendait Trèves, Philipsbourg, Fribourg et toute la Lorraine, moins quelques places. La succession d'Espagne allait bientôt s'ouvrir, lourde charge dont il s'efforçait de charger la maison de France. A l'intérieur, la révocation de l'édit de Nantes, en 1685, avait allumé une guerre religieuse, que le roi aurait peut-être rendue moins inévitable s'il avait su se soustraire à l'influence de M™° de Maintenon et du P. de La Chaise ; les protestants s'exilaient en masse, laissant ainsi, comme le dira Vauban, notre commerce ruiné, nos flottes et nos armées appauvries : les intendants devaient, dans leurs mémoires, s'arrêter à cette question vitale. Le début du xviii° siècle aggrava encore ce que laissaient craindre les années précédentes, et les fonctionnaires royaux qui avaient mission de reproduire fidèlement l'état intérieur de leurs circonscriptions ne purent tracer qu'une attristante image d'un pays jadis prospère et alors près de la ruine.

M. Le Vayer et ses collègues, à plusieurs reprises, ne craindront pas d'insister sur la misère des populations surchargées d'impôts depuis la dernière guerre ; ils le feront avec les précautions oratoires que leur imposait l'esprit du temps, mais de telle sorte qu'on ne pouvait, à Paris, se méprendre sur leur pensée intime (1).

On pouvait d'autant moins s'y tromper que l'on était averti. La crise économique que traversait la France n'était plus un mal ignoré. En 1695, un autre normand, Pierre Le Pesant de Boisguilbert, lieutenant général au bailliage de Rouen, dénonçait la ruine de la France et conseillait les remèdes à appliquer ; le premier ouvrage, anonyme, qu'il fit paraître, *La France ruinée sous Louis XIV, par qui et comment, avec les moyens de la rétablir en peu de temps* (2), fut suivi, un an après, de son plus fameux *Détail de la France,* amplification du précédent, et qui eut plusieurs éditions successives. Boisguilbert y insistait sur la suppression des aides et des douanes intérieures, la liberté nécessaire du commerce des grains, le triste moyen financier qu'étaient les « affaires extraordinaires », la diminution des revenus industriels et des revenus publics, et la faiblesse de la consommation générale causée par la mauvaise répartition de la taille, point que Le Vayer ne pourra passer sous silence. « Il n'y a pas, disait Boisguilbert, le tiers de la France qui contribue à la taille. » Vauban travaillait alors à cette *Dîme royale,* qui, parue en 1707, lui valut la disgrâce du roi et causa sa mort cette année même. Si l'on se souvient que le maréchal était originaire du Morvan, pays de la généralité de Moulins, quelques-uns des passages de son livre doivent être rapprochés du mémoire de Le Vayer ;

(1) Voy. notamment p. 158 du mémoire de Le Vayer. Le mémoire de la généralité de Paris disait franchement, à propos de la diminution du nombre des habitants : « Les moyens les plus efficaces qu'on pourrait proposer pour le rétablir ou l'augmenter seraient de se servir des voies opposées aux causes de la diminution, dont le principal serait de faire vivre les peuples un peu à leur aise : les commodités de la vie font que les enfants sont mieux nourris et s'élèvent avec plus de force. » (Éd. Boislisle, p. 151.)

(2) Cologne, Pierre Marteau, pet. in-12.

c'est ainsi, qu'à propos de l'exemption de la taille, il reconnaît que « ce mal est poussé à l'excès », et que « si on n'y remédie, le menu peuple tombera dans une extrémité dont il ne se relèvera jamais, les grands chemins de la campagne et les rues des villes et des bourgs étant pleins de mendiants que la faim et la nudité chassent de chez eux ». La dixième partie du peuple, dit-il dans sa préface, « est réduite à la mendicité et mendie effectivement », tandis que, des neuf autres parties, « il y en a cinq qui ne sont pas en état de faire l'aumône à celle-là », parce qu'elles sont réduites, à très peu de chose près, « à cette malheureuse condition » ; quant au reste de la nation, à part dix mille familles environ, embarrassé de dettes et de procès, il vit sans commodité d'aucune sorte (1). Faut-il ajouter qu'à cette époque encore, Racine, si l'on en croit son fils, aurait rédigé un mémoire sur les misères du peuple, et que Fénelon, archevêque de Cambrai depuis 1695, composait son *Télémaque,* dont une forte partie était la satire du gouvernement de Louis XIV?

On trouverait ailleurs d'autres preuves de cette « conspiration humanitaire » dont parle M. de Boislisle (2), et à la suite de laquelle on décida l'enquête confiée aux intendants.

(1) Et encore, dans la Haute-Marche, n'y avait-il pas « quatre gentilshommes... qui aient 10.000 l. de rente, et dix qui aient 3.000 l. de rente ». Le seigneur ou son fermier vendaient leur blé à crédit et souvent la moitié ne leur était même pas payée. (Arch. de la Creuse, C. 366, doc. cité par F. Autorde dans les *Mém. de la Soc. des sciences nat. et archéol. de la Creuse,* 1891, p. 148 n.)

(2) *Note sur les mémoires dressés par les intendants en 1697...* Paris, 1873, in-8°. (Extrait du procès-verbal de l'assemblée générale de la Société de l'Histoire de France.) — Voir également, du même, dans les *Mémoires* lus à l'Académie des sciences morales et politiques : *La proscription du projet de dîme royale et la mort de Vauban,* Paris, 1875, in-16. — On pourra consulter aussi les lettres de Boisguilbert au contrôleur général et ses mémoires sur les aides et l'état des vignes des élections de Mantes et de Vernon, dont la portée dépasse les

Cette enquête devait donner le nombre et le caractère des habitants, menu peuple, gens d'église, gentilshommes, magistrats ; insister sur les aptitudes de ces derniers ; dire combien il y avait de huguenots et combien il en était sorti depuis la révocation de l'édit de Nantes ; traiter des impôts, des douanes et des routes. On verra comment M. Le Vayer satisfit à ces questions.

Il ne faudrait pas accepter sans contrôle toutes les données des intendants. La circonscription qu'ils administraient était vaste, et, des voyages qu'ils ne manquaient cependant pas de faire périodiquement ne pouvaient résulter, des pays traversés, une idée assez précise pour répondre aux intentions du duc de Beauvillier. Ils durent donc faire appel à leurs subdélégués (1), et les renseignements de ceux-ci ne furent point contrôlés. On pourra constater, au cours de ce mémoire, des lacunes d'abord, par exemple sur les foires et marchés de la généralité, puis quelques chiffres paraissant peu vraisemblables, surtout en ce qui touche le dénombrement de la population par âmes et par feux. C'est plutôt dans l'ensemble que l'on appréciera ce travail, qui fournit des notions précieuses sur l'état économique, les administrations, la valeur des fonctionnaires, toutes choses sur lesquelles notre intendant parle avec franchise. A lire certaines de ses appréciations sur la condition des paysans de la Marche, ne peut-on s'empêcher d'en rapprocher le passage si connu de La Bruyère sur ces « animaux farouches répandus par la campagne, noirs,

limites de ces circonscriptions (1691-1704), publiés en appendice (p. 562 et suiv.) du mémoire de la généralité de Paris ; ainsi qu'une lettre de M. d'Aquin, prédécesseur de Le Vayer, du 6 avril 1691, sur la misère de 200 paroisses dépendant de l'évêché de Limoges (Arch. nat., G7 407).

(1) Il y avait dans la généralité de Moulins des subdélégués à Moulins, Gannat, Montluçon, Hérisson, Montmarault, Nevers, Saint-Pierre-le-Moûtier, Decize, Luzy, Château-Chinon, Cusset, Aigueperse, Saint-Pourçain, Guéret, Aubusson, Felletin, Évaux.

livides et tout brûlés du soleil », qui « se retirent la nuit dans des tanières où ils vivent de pain noir, d'eau et de racines... », méritant « de ne pas manquer de ce pain qu'ils ont semé » ?

Toute étude sur la généralité de Moulins à cette date — et il en est de même pour les autres généralités — devra donc être complétée par d'autres documents (1). Ceux-ci ne manquent pas. Une des meilleures sources d'informations sera la correspondance de l'intendant lui-même, aux Archives nationales (2), où l'on trouvera, sur l'agriculture notamment, d'indispensables indications (3). En juillet 1697, à propos du débordement de l'Allier et de la Loire, il a recueilli les plaintes les plus vives dans le Nivernais. En 1698, la récolte des blés, des deux tiers plus faible que

(1) Outre les documents signalés plus loin, les Archives des départements du Cher, du Loiret, de la Nièvre, de l'Yonne, de la Creuse, et surtout de l'Allier ; aux Archives nationales, série K, les papiers de Florimond, la série F¹² pour le commerce et les manufactures ; à la Bibliothèque nationale, le ms. 280 des *Cinq Cents* de Colbert, décrit par M. Félix Chambon (*La justice civile en Bourbonnais en 1664*, Moulins, 1899, in-8°), et qui contient une description de la généralité plus de trente ans avant notre mémoire ; etc. Quant aux livres, nous ne pouvons établir ici la bibliographie de la généralité. Chacune des provinces qui la composent devrait avoir sa bibliographie particulière. Sur l'ensemble de la généralité, on pourra consulter notamment : les remarques de M. de Pomereu, en 1664-1665, extraites du document de la Bibliothèque nationale cité plus haut (*Bulletin de la Société d'émulation du département de l'Allier*, t. XVII, p. 235); le mémoire de l'intendant Florent d'Argouges, édité par Vayssière en 1892 (Moulins, in-8°) ; les trois volumes de M. A. Leroux sur le *Massif central* (Paris, 1898, in-8°) ; le *Recueil de documents relatifs à la convocation des États généraux de 1789*, par A. Brette (Paris, 1904, 3 vol. in-8°) ; etc.

(2) Série G⁷.

(3) M. de Boislisle a publié, de cette correspondance, la partie la plus importante dans ses trois volumes intitulés : *Correspondance des contrôleurs généraux des finances avec les intendants*, Paris, impr. nat., in-fol. Mais les lettres inédites, qu'il a négligées parce qu'il ne pouvait s'arrêter aux détails dont beaucoup sont pleines, fourmillent encore de renseignements sur nos provinces.

l'année précédente, ne suffit pas aux paysans du Morvan, qui mangent de l'avoine ; le blé, mesure de Moulins, valait auparavant de 9 à 10 sous le boisseau : il est monté à 15 sous et même à 18 sous à la Palisse, « en sorte que le menu peuple commence à murmurer et les femmes... à s'attrouper à la campagne et arrestent les marchands » ; la châtellenie de Murat qui, en 1694, avait fourni des grains à toute la généralité, souffrait elle-même beaucoup. La Marche manquait de châtaignes, les seigles n'avaient rien rendu ; seules, les raves avaient réussi. Les pluies étaient cause de tout le mal. Du côté de Montluçon, la misère était moindre, grâce à la vigne. Le Morvan l'inquiétant davantage, il y était allé (novembre), mais pour constater « que les habitants tomberont dans une famine plus cruelle que celle de 1694 » et qu'ils ne pouvaient vivre si l'élection de Nevers ne les secourait. De retour à Moulins, on lui apprend qu'au marché du 28 novembre il n'est pas venu trente boisseaux de blé, tout ce qu'il y a de grains partant pour Paris. Puis les blés, qu'une panique avait fait augmenter, diminuèrent. Le Morvan souffrait cependant encore de la disette au début de 1699. Deux fois par mois, M. Le Vayer envoyait un état des récoltes et du prix des denrées, et avait le bonheur de constater un progrès jusqu'au milieu de l'année ; en juillet, les seigles étaient satisfaisants dans toute la généralité, mais le soleil avait brûlé les orges et les avoines ; quant aux froments, ils étaient noircis, ou « mâchurés, en terme du pays, par quelques brouillards du mois de juin ». En novembre, on pouvait prédire que l'hiver se passerait sans encombre dans le Bourbonnais et le Nivernais ; seules, l'élection de Château-Chinon et la Marche devraient être secourues.

On verrait encore, dans cette correspondance, comment voyageait l'intendant et quel était son travail au cours de ses déplacements : en avril et mai 1697, il est à Chénerailles et dans la Marche ; en juin, il est à Nevers ; il est encore à Nevers en août de l'année suivante, avec sa femme (1).

Dès le mois de juillet, cependant, il avait eu quelques dissentiments avec M. de La Vallière, gouverneur du Bourbonnais, et, en décembre, il cédait la place à M. de Turmenyes (2) : « Ma mission, écrivait-il le 15 décembre, est, grâces à Dieu, entièrement consommée... Je me sers de la permission que le Roy me donne de partir, n'ayant d'autre sujet de chagrin que celuy de n'avoir pu assez dignement répondre au choix dont S. M. m'avoit honoré dans un temps auquel la connoissance que j'avois de mes propres forces ne m'avoit pas permis de souhaiter l'Intendance... »

Il exerçait sa charge depuis le mois de février 1694 (3), après avoir été précédemment conseiller au Grand Conseil

(1) Arch. comm. de Nevers, CC. 303.

(2) On avait d'abord nommé, pour lui succéder, M. de Fieubet, qui refusa pour cause de santé (Dangeau, cité par R. Delvaux, dans *Le Bourbonnais à la cour de Louis XIV*, Moulins, 1901, in-8°).

(3) Voici la première lettre qu'il écrivit au contrôleur général :

« A Moulins, le 5 février 1694.

« Monsieur,

« Je suis party de Paris dès lundy dernier pour l'exécution de vos ordres en cette ville de Moulins, mais un accèz de fièvre, qui m'a retenu un jour tout entier à Montargis, la difficulté des chemins que la glace rend presque impraticables m'ont empesché, Monsieur, d'arriver plus tost icy que cejourd'huy vendredy après-midy. J'ay commencé, Monsieur, par rendre visite à Monsieur de Chasteau-Renar, mon prédécesseur, et demain matin nous devons travailler ensemble à mon instruction ; je n'oublieray rien, Monsieur, pour ne laisser pas tomber en vain l'honneur de vostre protection. J'attens, Monsieur, avec impatience, les ordres dont il vous plaira m'honorer. Et permettez-moy, je vous en supplie, Monsieur, pour la première fois que j'ay l'honneur de vous escrire, de vous assûrer que je suis tout pénétré de reconnoissance de vos bontés, et qu'il ne se peut rien adjouster au respect avec lequel je suis,

« Monsieur,

« Vostre très-humble et très-obéissant serviteur

« Le Vayer. »

(Arch. nat. G⁷. 407.)

(14 mai 1674) et maître des requêtes ordinaire de l'Hôtel (4 décembre 1687). Nommé maître des requêtes honoraire, il se retira dans le Maine et mourut aux environs du Mans, au château de la Davière, le 30 juin 1738, âgé de 84 ans, laissant sept enfants de sa femme, Renée-Françoise Le Boindre. Il avait également pour mère une Le Boindre (1).

D'origine mancelle, il était seigneur de Jauzé, des Sables, de Rouperroux et de la Davière-en-Courcemont, seigneurie qui, par le mariage de sa petite-fille, Louise-Françoise, passa en 1747 à Louis-Hilaire Du Bouchet, comte de Sourches (2). Il portait de gueules à la croix d'argent chargée de cinq tourteaux de gueules.

L'orthographe ancienne, sauf celle des noms de lieux, n'a pas été conservée dans la présente édition du mémoire de Le Vayer; elle ne présentait aucun intérêt et aurait contribué à rendre plus difficile la lecture d'un travail dont le style offrait par lui-même assez d'incorrections, d'inélégance et d'obscurité. Le texte n'a en effet pu être établi que sur des copies de l'original, copies exécutées en très grand nombre pendant tout le xviiie siècle et dont des exemplaires existent : à Paris, à la bibliothèque de l'Arsenal et à la bibliothèque de l'Institut ; à Montauban et, sans doute, dans d'autres villes anciens chefs-lieux de généralités ; à Moulins

(1) Bibl. nat., dossiers bleus, 660.

(2) Voir sur la famille Le Vayer : E.-L. Chambois, *Notes sur Michel Le Vayer, doyen de l'église du Mans*, dans la *Province du Maine*, t. XIII, p. 232 et 251 ; — abbé Froger, *Deux parvenus manceaux, Jacques de La Mothe et Luc Monchastre, valets de chambre du roi*, dans l'*Union historique et littéraire du Maine*, t. I, p. 38 et 65 ; — duc Des Cars et abbé Ledru, *Le château de Sourches au Maine et ses seigneurs*, Paris, 1887, in-16 ; — Le Paige, *Dictionnaire... historique... de la province... du Maine*, Le Mans, 1777, 2 vol. in-8° ; — Pesche, *Dictionnaire... historique... de la Sarthe*, Le Mans, 1831, 6 vol. in-8°. Notons enfin qu'il était allié à La Mothe le Vayer, substitut du procureur général au parlement et membre de l'Académie française, qui mourut en 1672.

enfin, à la bibliothèque de la ville et entre les mains de particuliers. L'une de ces copies, désignée dans les annotations sous le nom de *manuscrit Philipps,* provient en effet de la bibliothèque du célèbre bibliophile anglais ; exécutée dans le courant du xviii° siècle, elle a certainement servi à quelque gentilhomme nivernais qui a légèrement modifié le texte primitif. ajoutant à certains endroits des particularités que nous n'avons pas passées sous silence, et, en marge, des renseignements généalogiques que nous avons également ment relevés.

Qu'il nous soit permis, en terminant, de remercier toutes les personnes qui ont bien voulu nous prêter le concours de leurs connaissances locales, et particulièrement MM. le commandant Du Broc de Segange et Tiersonnier, dont l'obligeante érudition nous a été souvent si précieuse.

MÉMOIRE

DE LA

GÉNÉRALITÉ DE MOULINS

CHAPITRE PREMIER

Renseignements généraux

La généralité de Moulins fut établie sous le règne de Henri III, en 1587. Elle est composée de trois provinces, dont la première et capitale, soit par le nom illustre qu'elle a l'honneur de porter, soit par la ville de Moulins, capitale d'où la généralité prend son nom, est la province du Bourbonnais ; la seconde est la province du Nivernais, et la troisième est celle de la Haute Marche. Mais ces trois provinces ne sont pas en entier dans la généralité : il y a quelques bailliages, dans le gouvernement dépendant du Bourbonnais, qui sont de la généralité du Berry, savoir ceux d'Ainay, Cérilly et Saint-Amand ; à l'égard du Nivernais, quoique la plus grande partie de la généralité de Moulins, et entre autres la ville de Nevers, capitale de ce duché, en dépende, cependant il y a plusieurs petites villes et paroisses qui font aujourd'hui partie des généralités d'Orléans et du Berry, dont il sera fait mention dans la suite ; et, quant à la province de la Marche, qui se divise en Haute et Basse Marche et est sous le [même] gouvernement, la Haute est seule de la généralité de Moulins et la Basse de la généralité de Limoges. Mais, d'un autre côté, par une espèce de remplacement entre ces trois provinces, il y a aussi, dans la généralité de Moulins, une grosse portion de la province d'Auvergne qui fut réunie à cette généralité en 1630, à la sollicitation de M. le maréchal d'Effiat (1), lors surintendant des finances, et jointe à l'élection de Gannat, dont il était seigneur par engagement aussi bien que de la ville de Vichy, et qu'il avait annexée à sa terre d'Effiat. Ce détachement est très considérable parce qu'il contient quatre-vingts villes ou paroisses.

Il y a encore un canton considérable de la généralité de Moulins qui ne fait point partie du Nivernais, du Bourbonnais, ni de la Marche, mais qui fait une espèce de petite province séparée dépendant du gouvernement d'Auvergne, qui forme une des élections de la généralité de Moulins, et qu'on appelle le pays de Combraille.

La généralité de Moulins, du côté d'orient, est confinée par le duché de Bourgogne et la généralité de Lyon, du côté du midi par la généralité de Riom et le Forez faisant partie de celle de Lyon, du côté d'occident par les généralités de Limoges et du Berry, du septentrion par les généralités du Berry et d'Orléans et même de Bourgogne (2).

(1) Antoine Coiffier d'Effiat (1581-1632), surintendant des finances (1626), gouverneur d'Auvergne et maréchal de France (1631), père d'Henri Coiffier, marquis de Cinq-Mars, et de Martin Coiffier, marquis d'Effiat et gouverneur du Bourbonnais, ce dernier mort en 1719 sans enfants.

(2) Voyez la carte dressée à la fin du xviiᵉ siècle par Jaillot, géographe du roi.

Sa longueur, à commencer depuis Neuilly (1), frontière de la généralité de Bourges du côté du septentrion, jusqu'au Couhat (2), frontière de la généralité d'Auvergne du côté du midi, et en droite ligne, est de trente-quatre lieues ; mais si on la voulait mesurer un peu de biais, et par son travers à prendre de la Cour d'Ancy (3), frontière de Bourgogne, jusqu'à la Ville-Dieu (4), frontière de la généralité de Limoges, elle aurait près de cinquante-quatre lieues de long.

Sa largeur, d'orient à l'occident, est différente ; les deux tiers, en descendant du septentrion au midi, n'ont que vingt-quatre lieues environ, et l'autre tiers, tirant vers le midi et dans la Marche, à commencer de l'abbaye de Grandmont (5), frontière du Limousin, jusqu'à Saint-Martin (6), frontière du Forez, est de quarante lieues.

Principales rivières navigables

Les rivières les plus considérables de cette généralité sont la Loire, l'Allier et l'Yonne (7).

La Loire prend son origine des hautes montagnes

---

(1) Peut-être Neuilly, dans la Nièvre, arr. de Clamecy, cant. de Brinon, sur la frontière de la généralité d'Orléans et non de Bourges.

(2) Puy-de-Dôme, arr. de Riom, cant. de Randan, commune de Saint-André.

(3) Courancy ou Corancy, Nièvre, arr. et cant. de Château-Chinon.

(4) Creuse, arr. d'Aubusson, cant. de Gentioux.

(5) Haute-Vienne, arr. de Limoges, cant. de Laurière, commune de Saint-Sylvestre.

(6) Saint-Martin-d'Estreaux, Loire, arr. de Roanne, cant. de la Pacaudière.

(7) Vauban rédigea, en 1698 ou 1699, un mémoire sur la navigation des rivières, que M. de Boislisle a donné en appendice de son premier volume sur les *Mémoires des intendants...*, *dressés pour l'instruction du duc de Bourgogne* (p. 399-414). L'Yonne, « une des mères nourricières de Paris, car c'est elle qui mène tous les vins de Bourgogne, les bois flottés du Morvan et beaucoup de blé et d'avoine » (p. 404), la Loire

d'Auvergne, près le Puy Notre-Dame, en Velay, commence à porter bateaux à Roanne, et, après avoir passé à Digoin, en Charolais, elle entre dans la généralité de Moulins qu'elle sépare de la Bourgogne proche Bourbon-Lancy ; ensuite, elle prend son cours proche Decize, et, traversant le Nivernais, elle va arroser les murs de Nevers et continue son cours vers la ville de la Charité, où elle entre dans la généralité du Berry.

L'Allier part aussi des montagnes d'Auvergne et, passant près Maringues (1) où elle commence à porter bateaux (2), elle entre dans la généralité de Moulins, passe par les villes de Vichy, Moulins et le Veurdre, et va se jeter dans la rivière de Loire, au confluent du bec d'Allier, à une demi-lieue au-dessous de la ville de Nevers.

L'Yonne (3) prend sa source des hautes montagnes du

(p. 406) et l'Allier (p. 407) y sont mentionnées. Voir P. Mantellier, *Histoire de la communauté des marchands fréquentant la rivière de Loire et fleuves descendant en icelle*, Orléans, 1863-1867, 2 vol. in-8°.

(1) Puy-de-Dôme, arr. de Thiers.

(2) L'histoire de la navigation dans l'Allier, navigation complètement morte aujourd'hui, serait une étude des plus intéressantes au point de vue économique. Moulins a dû une partie de sa prospérité, au XVII° siècle notamment, à l'activité des voituriers par eau ; plus de cinq cents personnes vivaient de cette industrie, grâce à laquelle les productions du centre remontaient vers le nord. (C. Grégoire, *Moulins aux XV°, XVI° et XVII° siècles*, dans le *Bulletin de la Société d'émulation du Bourbonnais*, 1901, p. 229. — Du même, *Notes sur les marchands mariniers de l'Allier*, *Ibid.*, 1895, p. 337 et 355.) Consulter, outre les archives communales de Vichy, Moulins, Nevers et les archives des départements traversés, le fonds des marchands fréquentant la Loire et les rivières y affluentes, conservé aux archives du Loiret et récemment (1900) inventorié. Voir aussi « *Procès-verbal des commissaires du roi pour rendre la rivière d'Allier navigable, depuis Issoire jusqu'au Pont-du-Chastel (Auvergne).* » (1518), publié dans le *Bull. de la Soc. d'émulation du département de l'Allier*, t. IX, p. 187-240.

(3) L'Yonne était navigable en partie sous les Romains ; elle le fut également dans le haut moyen âge et, au IX° siècle, les barques normandes la remontèrent. Plus tard, la corporation des « marchands de

Morvant, en Nivernais, près la ville de Château-Chinon, et, après avoir traversé partie du Nivernais sans être navigable et avoir reçu les bois du Morvant et des lieux où elle passe, qu'on y fait flotter à bois perdu, elle va à Clamecy, généralité d'Orléans, où elle commence à être navigable et à porter bateaux et les trains de bois flotté qu'on y a ramassés (1).

Il n'y a dans cette généralité de Moulins que ces trois rivières navigables, et souvent même l'Allier et l'Yonne cessent de l'être, en sorte qu'il faut attendre les crues d'eaux que produit la fonte des neiges du pays, ce qui retarde et incommode le commerce (2).

l'eau » devint assez puissante pour contribuer à la réglementation de la rivière. Le régime de l'Yonne fut définitivement fixé par lettres de François Ier du mois de mai 1520, puis par Colbert dans l'ordonnance de décembre 1672, concernant « la navigation pour les provisions de la ville de Paris ». La rivière était flottable depuis Armes, un peu en amont de Clamecy. L'invention des trains de bois n'est pas antérieure au XVIe siècle, et on l'attribue généralement à Jean Rouvet auquel Clamecy a érigé un buste. (Max Quantin, *Histoire de la rivière d'Yonne*, dans le *Bulletin de la Société des sciences historiques et naturelles de l'Yonne*, 1885, p. 349-498. — F. Moreau, *Histoire du flottage en trains*, Paris, 1843, in-8°.)

Voir aux archives de l'Yonne : C. 28, 64, 197; aux archives municipales de Sens : BB. 4 (coche d'eau), CC. 2 à 19 (recette du droit sur le vin passant sous les ponts d'Yonne), DD. 4, 12 (navigation de la rivière), etc.

(1) « Que l'on voit descendre à Paris. » (Manuscrit Philipps.)

(2) « Ce sont là les seules rivières navigables de cette généralité. Celles d'Allier et d'Yonne ne sont ordinairement navigables qu'après la fonte des neiges, ce qui retarde le commerce du pays ; et même les neiges étant fondues, leurs eaux deviennent quelquefois si grosses, surtout celles de l'Allier, que, son lit ne pouvant les contenir, elles en sortent et se débordent de telle sorte que les terres en sont souvent fort endommagées. » (Manuscrit Philipps.)

Au mois de juin 1697, il y eut dans l'Yonne une crue telle que l'on n'en avait vu de semblable depuis 1613. Le même mois, la Loire déborda également (Archives communales de Pierrefitte-sur-Loire, GG. 3); au mois de décembre de la même année, la Loire et la Vouzance inondèrent leurs rives jusqu'à Estrées, paroisse de Digoin

Autres rivières non navigables

Mais il y a encore quelques rivières considérables qui méritent d'être remarquées :

La Sioule, qui vient d'Auvergne, arrose le pays et les petites villes d'Esbreuil et de Saint-Pourçain, traverse l'élection de Gannat et vient se jeter dans l'Allier vers les Echerolles (1).

Le Cher, qui prend sa source en Combraille, passe par Montluçon et par Hérisson, autre petite ville, et sort ensuite de la généralité de Moulins pour entrer dans celle de Bourges.

On a eu ci-devant quelques vues de rendre ces deux rivières navigables, mais on n'en est point venu à l'exécution, parce qu'on prétend que la dépense serait grande et le profit médiocre.

Outre ces principales rivières, il y a, dans le Nivernais, celle de Nièvre qu'on prétend avoir donné son nom à la viile de Nevers. Cette rivière fait la principale richesse de cette province par la quantité de belles et bonnes prairies qu'elle arrose, plusieurs moulins et plus de cinquante forges de fer et acier qu'elle fait marcher, avant que de se joindre à la rivière de Loire sous le pont de Nevers. La petite rivière d'Arron, après avoir fait marcher plusieurs moulins, arrose quantité de prairies du côté de Châtillon (2), Isenay (3), Cercy-la-Tour (4), et se vient perdre dans la Loire auprès de la petite ville de Decize.

(Archives communales de Molinet, GG. 2). Les registres paroissiaux de Monétay-sur-Allier (GG. 7) mentionnent, à la fin de 1694, pendant un mois et demi, trois grandes crues de l'Allier ; la dernière rompit les nouvelles digues « de Moulins à la maillerie de Bressolles ».

(1) Allier, arr. de Moulins, cant. de Neuilly-le-Réal, commune de la Ferté-Hauterive.

(2) Châtillon-en-Bazois, Nièvre, arr. de Château-Chinon.

(3) Nièvre, arr. de Château-Chinon, cant. de Moulins-Engilbert.

(4) Nièvre, arr. de Nevers, cant. de Fours.

Dans le Bourbonnais, il y a encore la petite rivière de Besbre, qui, après avoir passé par la Palisse, Jaligny et la célèbre abbaye de Sept-Fonds, se jette aussi dans la Loire.

Dans la province de la Marche, il y a encore deux rivières assez considérables, la grande et la petite Creuse, dont la première prend son origine à Magnat dans la dite province et passe dans les villes d'Aubusson, Ahun et Crozant, et sort dans la généralité du Berry, après avoir reçu la petite Creuse à Crozant, qui, de son côté, prend sa source à Treignat, élection de Montluçon, dans le Bourbonnais.

Les autres petites rivières d'Alaine (1), de Queune (2) et plusieurs autres ruisseaux ne méritent pas d'être rapportés.

Histoire du Bourbonnais

Le centre de la généralité de Moulins est la province du Bourbonnais (3), dont Moulins est la capitale.

Cette province, avant que d'être érigée en duché, était possédée en sirie par les seigneurs de Bourbon qui prenaient, dès ce temps, la qualité de princes, et que quelques généalogistes ont voulu faire descendre de la race des Mérovingiens. Le dernier sire Archambaut de Bourbon maria sa fille Agnès à Jean de Bourgogne, frère du duc de Bourgogne, duquel naquit Béatrix qui épousa Robert, fils du roi saint Louis, qui décéda en 1317; son fils, qui prit le nom

---

(1) Le nom de ce ruisseau n'a pu être identifié.

(2) Petite rivière qui se jette dans l'Allier, près de Moulins, en face du hameau de Chavenne.

(3) Voir *Réponse à la 21ᵉ question du programme : « Quelles étaient les limites et divisions du département de l'Allier et de l'ancienne province de Bourbonnais » : lue par M. Clairefond... Dans le Congrès archéologique de France ; séances... tenues à Moulins en 1854...* Paris, in-12, p. 247 et suiv.

de Louis de Bourbon, fit ériger cette province en duché en 1327 (1).

Il faut voir ce qui suit de la Marche.

Les habitants du Bourbonnais, selon l'opinion, sont les Boiens, originaires Allemands, que Jules César vainquit et amena dans le territoire des Autunois, auxquels, à cause de leur valeur, ils accordèrent une partie de leur territoire entre la Loire et l'Allier, et leur firent part de leurs droits, franchises et de leurs libertés (2).

Qualité de la terre du Bourbonnais et ce qu'elle produit

Le pays est uni, d'une terre fertile principalement en fruits, blés et seigle, surtout la châtellenie de Murat, tout le côté de Varennes et la Palisse sur le grand chemin de Lyon.

(1) Nous ne ferons point la critique des données historiques de M. Le Vayer sur les provinces de sa généralité. Pour la généalogie des premiers Bourbons, nous renverrons à Chazaud, *Etude sur la chronologie des sires de Bourbon (X*e*-XIII*e* siècles)*, Moulins, 1865, in-8°, et nous constaterons que la découverte des faux du P. André, tendant à démontrer la communauté d'origine des trois races des rois de France, est contemporaine de l'administration en Bourbonnais de notre intendant. Les conclusions de Chazaud sur le point spécial des Bourbon-Montluçon ont été récemment discutées par le commandant du Broc de Segange dans des articles parus en 1905 dans le *Bulletin de la Société d'Emulation du Bourbonnais*.

Robert de Clermont mourut non pas en 1317, mais le 7 février 1318.

(2) Cette question a été très vivement discutée autrefois sans que la lumière pût se faire complètement sur l'emplacement de la *Gergovia Boiorum*. Cf. Marius Clairefond, dans le *Bull. de la Soc. d'émulation du département de l'Allier*, t. VII, p. 284 ; A. Chazaud, *ibid.*, t. VIII, p. 87 ; Brugière de Lamotte, *ibid.*, t. IX, p. 425 ; abbé Boudant, dans les *Assises scientifiques du Bourbonnais*, 1re session, 1866 ; et tout récemment, J. Soyer, *Etude critique sur le nom et l'emplacement de deux oppida celtiques, mentionnés par César...*, dans le *Bulletin de géographie historique et descriptive*, n° 2, 1904.

Le climat est fort tempéré, quoiqu'il se ressente souvent de la froideur des neiges des montagnes d'Auvergne et du voisinage de celles du Forez qui attirent tous les ans beaucoup d'orages et de grêle qui désolent et perdent les moissons. Les inondations de la rivière d'Allier, par la fonte des neiges qui la font grossir ordinairement vers le mois de juillet, causent un très grand préjudice le long de son rivage qu'on appelle chambonnage.

Il y a dans cette province beaucoup de bois et d'étangs ; on y recueille aussi de fort bons vins qui se consomment presque tous dans le pays et ne peuvent souffrir le transport. Ceux de Passelan (1), Chantelle (2), ont le plus de réputation ; ceux de Montluçon sont aussi très délicats.

Histoire du Nivernais

Le Nivernais, originairement, était un comté très ancien qui s'étendait sur la ville épiscopale de Nevers, et sur tout son diocèse. On y ajouta plusieurs terres et seigneuries situées ès diocèses d'Autun, d'Auxerre et de Bourges, jusqu'en 1538 (3) qu'elle fut érigée en duché-pairie. Ce duché, après avoir été possédé par les maisons illustres de Nevers, de Clèves et Gonzague pendant plus de quatre cents ans, tomba dans celle de Mancini par l'acquisition du cardinal de Mazarin, ministre d'Etat, qui l'a

(1) L'origine étymologique de ce lieu est le verbe *paxillare, paissellare*, planter des échalas ou paisseaux pour la vigne, en français du moyen âge paisseler. Actuellement, sur la commune de Bellenaves, près du bourg ; le vignoble jouit encore aujourd'hui d'une renommée locale assez étendue.

(2) Un autre manuscrit donne Châteldon pour Chantelle, ce qui est moins vraisemblable.

(3) Erreur ; la pairie ne fut concédée qu'en 1566.

transmis ès mains de M. de Mancini (1), à présent duc
de Nevers.

Qualité de la terre du Nivernais et ce qu'elle produit

Les habitants de cette province faisaient partie du territoire
des anciens Autunois. C'est un pays rempli de bois, et
d'une terre fort froide ; il produit beaucoup de seigle et de
froment, des fruits et des chanvres, si ce n'est du côté du
Morvant qui est un pays de montagnes fort stérile, où ne
vient pas assez de blé pour la nourriture de ses habitants.
Cette province est d'un assez grand commerce par la quantité des mines de fer et de charbon de pierre (2), des bois
qui se flottent jusqu'à Paris, et des bestiaux qu'elle produit,
même des cochons dans les années où il y a du gland ; elle
produit aussi beaucoup de poisson qui va à Paris par le

(1) Philippe-Julien Mancini, neveu du cardinal et époux de Diane-
Gabrielle de Damas de Thianges, mort en 1707. Le manuscrit Philipps
ajoute ici : « Mais ce seigneur, pour avoir négligé, pendant sa vie, de
faire enregistrer au Parlement les lettres patentes de l'érection de ce
duché, ce titre fut éteint avec sa mort et ne porta plus que celui de
comté qu'il avait auparavant ; mais M. le duc d'Orléans, régent de
France, par une grâce particulière, a rétabli ce duché-pairie en faveur
du fils de ce dernier duc, lequel, au mois de janvier 1721, a été reçu et
installé au Parlement en qualité de duc et pair, les princes, ducs et
pairs assemblés. »

(2) Le charbon de Decize était connu à la fin du XVIᵉ siècle. On avait,
dès le XVᵉ siècle, découvert des mines de charbon dans le Morvan. Voir
un bon article de M. R. de Lespinasse, *Dépêches et mémoires du ministère
de la marine sur les forges et charbons du Nivernais pendant les guerres
de Louis XIV*, dans le *Bulletin de la Société nivernaise des lettres, sciences
et arts*, 1895, p. 275 et suiv. (Les archives anciennes du ministère de la
marine ont été depuis peu versées aux Archives nationales.) Voir également : L. Mirot, *La famille de Bèze et l'exploitation minière en Nivernais
au seizième siècle*, dans le même bulletin, 1904, p. 251 et suiv., ainsi que
quelques notes de M. Quantin dans l'*Annuaire du département de l'Yonne*,
1846, p. 217-220.

canal de Briare ; elle a aussi des vignobles qui produisent, principalement autour de la ville de Nevers, des vins qui, quelquefois, disputent de bonté avec ceux de Bourgogne (1).

Histoire de la Haute Marche

La Haute Marche, dont la ville de Guéret est la capitale, est une province avec titre de comté, érigée en pairie au mois de mars 1316 par Louis X, roi de France, surnommé Hutin, en faveur de Charles de France, son frère, fils de Philippe le Bel et comte de la Marche, réunie aussi bien que le Bourbonnais à la couronne par arrêt du mois de juin 1527, qui déclara Charles de Bourbon, connétable de France, criminel de lèse-majesté à cause de sa défection (2).

Qualité du terroir de la Haute Marche

Cette province et le pays de Combraille sont à peu près de même nature que celui de Morvant ; c'est un pays de montagnes et de bruyères, où il croît quelques blés, seigles (3)

(1) Le Nivernais, dit Guy Coquille (*Histoire du Nivernais*, dans *Œuvres*, édition de 1665, p. 501), est composé de huit contrées principales, dont « l'une est qu'on appelle les Vaux de Nevers, en laquelle est un grand vignoble... depuis les portes de Nevers jusques au plus près de la Charité ».

(2) Voir Joullietton, *Histoire de la Marche et du pays de Combraille*, Guéret, 1814-1815, 2 vol. in-8°. — P. de Cessac, *Chronologie des comtes de la Marche au point de vue du classement de leurs monnaies*, dans la *Revue numismatique*, 1886, p. 61-85. — L. Delisle, *Chronologie historique des comtes de la Marche issus de la maison de Lusignan*, dans la *Bibliothèque de l'École des Chartes*, 1856, t. II de la 4ᵉ série, p. 537-545. — A. Thomas, *Les archives du comté de la Marche*, dans la *Bibl. de l'École des Chartes*, 1881, p. 36.

(3) Dans les années abondantes, le seigle était même exporté, sous l'ancien régime, dans le Quercy, le Périgord et l'Angoumois (Joullietton, *op. cit.*, t. II, p. 270).

et surtout des blés noirs dont les paysans se nourrissent, aussi bien que leurs bestiaux qu'ils en engraissent ; il y a des cantons, vers le Limousin, où il y a beaucoup de châtaigniers dont les fruits contribuent beaucoup à la subsistance des habitants. Le pays est assez couvert et coupé de haies, mais les bois y sont considérables (1) ; il y a beaucoup d'étangs dont le poisson se vend en Auvergne.

Comme ces pays sont des montagnes froides, pleines de rochers couverts, pendant une partie de l'année, de neiges, et d'une terre assez légère, il y arrive souvent des orages et des fontes qui arrachent et entraînent les blés qu'ils ont déracinés ; dans les montagnes, les neiges sont quelquefois si hautes et de si longue durée que les habitants sont des trois mois sans pouvoir sortir, et ils sont obligés de se faire sous la neige des chemins couverts pour aller de leurs maisons dans leurs granges et étables où ils se tiennent presque toujours, à cause de la chaleur des bestiaux ; et, pour cela, il faut qu'ils fassent provision de toutes choses pour leur subsistance pendant un si long temps, car autrement ils mourraient de faim.

Comme ces pays sont mauvais et peu habitables, les habitants ont recours à l'industrie pour vivre ; presque tous ceux qui sont en état de travailler quittent leur pays au mois de mars et vont en Espagne et dans toutes les provinces de ce royaume, les uns comme manœuvres-maçons, les autres comme scieurs de bois au long et coupeurs de blé, laissant à leurs femmes et aux invalides le soin de faire leurs chétives moissons (2) et de nourrir leurs enfants. Ils

(1) Voir, comme preuve du contraire, l'introduction de M. Louis Duval (chap. II) à ses *Chartes communales et franchises locales du département de la Creuse*, dans les *Mémoires de la Société des sciences naturelles et archéologiques de la Creuse*, 1877.

(2) L'année 1696, d'après M. Le Vayer (lettre à Pontchartrain du 19 oct., dans Boislisle, *Correspondance des contrôleurs généraux*, t. I, p. 434).

reviennent à la fin de novembre et rapportent tout l'argent qu'ils ont gagné et amassé pendant l'été par leur travail et par leur économie, car ils ne vivent presque que de pain et d'eau et d'un peu de beurre et de fromage ; et, de l'argent qu'ils ont amassé, ils payent leurs tailles et autres charges publiques à leur retour. On prétend qu'il en sort tous les ans près de six mille hommes (1) et que leur industrie seule met cette province en état de soutenir les charges publiques ; ils ont aussi un commerce considérable de bœufs, vaches, veaux et surtout de moutons qu'ils nourrissent et engraissent dans les montagnes et prairies qui se forment dans les vallons (2).

La Limagne

A l'égard des villes et paroisses de la province d'Auvergne qui ont été réunies à cette généralité, elles sont de deux natures, car une partie est située dans la Limagne et l'autre dans des montagnes presque inaccessibles et qui, néanmoins, sont toutes très abondantes et très fertiles. Ce qui est dans la Limagne produit, ainsi que dans la province d'Auvergne, beaucoup de blé, froment, orge et avoine, des noix, des pommes et quantité de chanvre ; ce qui est sur les montagnes produit beaucoup de blés, seigles, des vins, et on y nourrit

produisit très peu de froment dans les élections de Montluçon, d'Evaux et de Guéret ; de plus, les blés noirs et les raves manquèrent, ce qui obligea les paysans de consommer leur blé et leurs bestiaux, au lieu de les vendre.

(1) Joullietton, dans son *Histoire de la Marche*, dit (t. II, p. 270) qu'avant la Révolution dix-huit à vingt mille hommes émigraient annuellement de la Haute-Marche et du pays de Combraille. C'est une exagération évidente.

(2) Pour avoir une idée juste de la poésie un peu rude qui se dégage de toute cette région de la Marche, sauvage encore aujourd'hui, il faut lire les intéressantes *Esquisses marchoises* de M. L. Duval (Paris, 1879, in-12).

beaucoup de bestiaux ; les meilleurs vins sont ceux de Saint-Pourçain et de Creuzier (1), qui se transportent même à Paris, surtout les vins blancs.

Au reste, le langage des paysans de ce pays et de ceux de Guéret est si corrompu que ceux qui n'y sont point accoutumés ont besoin d'interprètes et de truchements pour l'entendre. Il y a beaucoup de mots de latin corrompu dont ils se servent.

De toutes ces provinces, le canton qui est le plus fertile et le plus abondant est celui d'Auvergne, mais le plus doux et le plus agréable par la politesse de ses habitants et la tempérie de son air est celui du Bourbonnais ; le Nivernais, quoique très agréable, surtout les environs de Nevers et de Decize, communément parlant, est plus sauvage et plus froid, et surtout du côté du Morvant, qui est presque inaccessible (2), ainsi que la Combraille et la Marche.

Il n'y a aucune mine d'or ni d'argent dans cette généralité, mais il a été déjà remarqué que, dans le Nivernais, il y en a beaucoup de fer et de charbon de pierre ; les principales mines de fer et forges sont le long de la rivière de Nièvre, et, pour le charbon, il se tire du côté de Decize, où les machines dont on se sert pour tirer ce charbon sont d'une très grande dépense, mais aussi d'une très grande utilité et curieuses à voir.

(1) Creuzier-le-Neuf et Creuzier-le-Vieux, communes de l'Allier distantes de deux kilomètres l'une de l'autre (arr. de la Palisse, cant. de Cusset).

(2) Si l'on en croit Dupin aîné, né en 1783 à Varzy, en Nivernais (*Le Morvan..., état ancien, état actuel*, Paris, 1853, in-12), le Morvan n'avait pas changé en 1789 ; c'était encore « une impasse, une sorte d'épouvantail pour le froid... la sauvagerie des habitants, un vrai pays de loups ». Voir sur la partie de cette contrée, qui constituait sous l'ancien régime l'élection de Vézelay (généralité de Paris), la description qu'en fit Vauban en janvier 1696, donnée par M. de Boislisle en appendice (*Mém. des intendants...*, t. 1, p. 738-749).

Le Bourbonnais a quelques mines de charbon de terre (1), peu considérables et qui ne servent que pour l'entretien et pour l'usage de la province, mais cette province peut vanter plus qu'aucune autre la richesse et l'abondance de ses eaux minérales, si fameuses et si salutaires pour tous ceux qui sont attaqués d'apoplexies, coliques, rhumatismes, vapeurs et autres incommodités.

Eaux minérales

Les plus fameuses sont celles de Bourbon-l'Archambault (2) et celles de Vichy (3) ; souvent les médecins conseillent de

(1) Il est difficile de dire à quelle date apparaissent dans les textes les mines de charbon du Bourbonnais. L'époque la plus reculée que l'on puisse marquer avec précision est le xvi⁰ siècle ; mais il est certain qu'on pourrait, en remontant beaucoup plus haut, trouver des traces évidentes de l'exploitation de la houille dans ce pays. Cf. F. Claudon, *Étude sur les anciennes mines de charbon du Bourbonnais*, Moulins, 1901, in-8°.

Un arrêt du Conseil d'État du 9 avril 1737 reconnaissant que les charbons d'Auvergne et de Bourbonnais « sont d'aussi bonne qualité que ceux d'Angleterre », les déchargea, à leur passage à Paris, « des droits attribuez aux offices des mesureurs et porteurs de charbons ».

(2) Sur l'ancienneté et la réputation des eaux de Bourbon, cf. Julien, *Catalogue des ouvrages relatifs aux sources thermales et minérales du Bourbonnais*, dans le *Bull. de la Soc. d'émulation de l'Allier*, t. viii, p. 217-220. — Dr A. La Coûture, *Bourbon-l'Archambault et ses thermes*, Moulins, 1904, in-16. — Voir encore A. Vayssière, *Les deux de Lorme et les bains de Bourbon au XVI⁰ et au XVII⁰ siècle*, dans les *Annales bourbonnaises*, t. i, p. 19 et 53.

M⁰ᵉ de Montespan fit de fréquents séjours à Bourbon et continua, après sa disgrâce, à venir prendre les eaux. En 1697, elle n'y paraissait plus avec la pompe qui distinguait ses premiers voyages, et quand elle y mourut, en mai 1707, ses obsèques, dit Saint-Simon, « furent à la discrétion des moindres valets ». Boileau et M⁰ᵉ de Sévigné vinrent aussi à Bourbon dans la seconde moitié du xvii⁰ siècle.

(3) Ces eaux ne paraissent pas avoir eu, au moyen âge, l'importance de Bourbon et, même à la fin du xvi⁰ siècle, lorsqu'Henri IV eut, en 1605, créé la Surintendance générale des bains et fontaines médici-

prendre dans une même saison celles de Vichy les premières et ensuite d'user de celles de Bourbon ; et les unes
et les autres font des effets merveilleux (1).

Celles de Néris, à cinq quarts de lieue de Montluçon, ne
seraient pas moins recherchées que les autres si elles étaient
d'un aussi facile accès ; elles sont de la même qualité et elles
ont pour elles des témoignages honorables de l'antiquité (2),
car, quoique Néris ne soit aujourd'hui qu'un fort petit
bourg où à peine les malades qui y vont peuvent trouver
à se loger, néanmoins on y découvre encore des ruines

nales, Vichy s'effaça devant Bourbon. Louis XIII s'y fit cependant bâtir
un pavillon et la réputation mondaine de Vichy s'établit avec le passage
de Chapelain, de Fléchier, de Mme de Sévigné. A l'époque où l'intendant Le Vayer rédigeait son mémoire, il y avait peu de temps que
l'intendance des eaux minérales de Vichy avait été séparée de celle de
Bourbon au profit de Claude Fouet (1684), né et mort à Vichy même,
et auteur de deux ouvrages sur les thermes qu'il administrait. Deux
arrêts successifs du Grand Conseil (18 avril 1685 et 26 mars 1686) avaient
depuis peu réglé les eaux de Vichy, le dernier interdisant de transporter
les eaux minérales hors de la ville autrement que dans des bouteilles
cachetées du cachet de Claude Fouet ; les fontaines devaient être
ouvertes de dix heures du matin à trois heures de l'après-midi, les
habitants de Vichy pouvant, néanmoins, en prendre tout le jour pour
leur usage personnel. (Archives de l'Allier, C. 36. — A. Mallat, *Vichy
à travers les siècles*, Vichy, 1891, in-8°. — A. Vayssière et F. Claudon,
*Inventaire sommaire des archives historiques de la ville de Vichy (ville et
hospice)*, préface par M. A. Mallat, Vichy, 1896, in-4°. — Dr Grelety,
Une cure thermale à Vichy pendant le XVIIe siècle, dans *Revue bourbonnaise*, 1, p. 157-169.)

(1) En 1687, la marquise de Sévigné fut envoyée à Bourbon, qu'elle
quitta pour Vichy, puis revint à Bourbon et s'y fit envoyer des eaux de
Vichy qu'elle faisait réchauffer dans les puits de Bourbon.

(2) Voir le dernier mot dit sur Néris par M. A. Bertrand, conserva·
teur du Musée départemental à Moulins : *Etude critique sur « Néris
capitale des Gaules »* (par M. Moreau, de Néris), dans le *Bull. de la Soc.
d'émulation du Bourbonnais*, 1904, p. 192-196.

Néris devait être assez oublié, en effet, au moment de la composition
de ce mémoire. Rien, aux archives de l'Allier, ne semble permettre de
dire quel était alors l'état des thermes. L'hôpital ne fut fondé qu'au
début du xviiie siècle.

de bâtiments dans l'étendue d'un grand quart de lieue ;
on y trouve des restes d'aqueducs composés de petits
tuyaux ronds jetés dans le ciment et les vestiges et la
forme d'un grand amphithéâtre ; on y a trouvé, en labou-
rant les terres, des médailles d'or et d'argent des premiers
empereurs, et surtout un grand nombre du temps de Gallien
et du Bas-Empire, avec des urnes de terre où l'on enfermait
les cendres des corps brûlés, d'où l'on conjecture que Néris
était autrefois une grande ville dont on ne connaît point le
temps de la fondation, mais apparemment que les Romains,
très curieux des bains et surtout des bains chauds, l'avaient
fait bâtir.

La ville de Moulins vante aussi ses eaux froides de Bardon (1) qui sont minérales et qui ne sont peut-être négligées
que parce qu'elles sont trop communes et commodes, car il
y a des fontaines publiques qui les distribuent dans les
faubourgs de l'Allier.

Le Nivernais vante aussi les eaux de Pougues (2), qui est
un village sur le grand chemin de Paris à Lyon, à deux
lieues de Nevers du côté de Paris ; on prétend qu'elles
sont spécifiques pour l'hydropisie, pour nettoyer les reins
et désopiler la rate. Ces eaux sont de même goût et qualité

(1) Entre Moulins et Yzeure. Depuis peu d'années seulement était
terminé, à la date où fut écrit ce mémoire, un procès entre la ville de
Moulins et le commandeur de Beugnet, membre de l'ordre de Malte,
qui possédait une annexe à Bardon ; les échevins prétendaient capter
la fontaine de Bardon et les hospitaliers conserver la jouissance des
eaux qui, jaillissant près de leur chapelle, était indispensables à l'entretien de leur jardin. Une transaction, qui permit les travaux, fut signée
en avril 1691. (Abbé Berthoumieu, *Les fontaines publiques de Moulins*,
dans le *Bull. de la Soc. d'émulation du Bourbonnais*, 1903, p. 125 et suiv.

(2) Les eaux de Pougues avaient déjà à cette époque été l'objet de
quelques travaux imprimés, œuvres notamment de Pidoux, médecin du
roi au XVIe siècle, et d'un médecin de Nevers, Antoine de Fouilloux. Voir
une *Notice bibliographique sur les eaux de Pougues*, par E. Subert, dans
le *Bull. de la Soc. nivernaise*, 1867, p. 373 et suiv.

que celles de Spa, près de Liège ; elles ont été en si grande réputation que le roi Henri III, en 1586, y alla et en usa ; l'on voit encore des bâtiments qui font voir que ces sources ont été fort recherchées.

Outre ces eaux, il y a encore celles d'Evaux (1) en Combraille, que l'on prétend aussi être de même chaleur et qualité que celles de Bourbon et de Vichy, mais qui ne sont fréquentées que par ceux du voisinage ; et aussi leur source n'a été honorée d'aucun édifice public et n'a d'autre bassin que celui des rochers qui l'environnent.

Pour les eaux de Bourbon et de Vichy, elles ne font pas moins de bien à cette généralité qu'elles n'en font aux malades qu'elles y attirent ; ils y viennent en si grande quantité dans les deux saisons de l'année, qui sont les mois d'avril et de mai et jusqu'à la mi-juin pour le printemps et les mois de septembre et octobre pour l'automne, que dans Bourbon il y en a quelquefois deux ou trois cents ; il y a deux ans qu'il y avait plus de cent personnes de qualité, sans comprendre celles du commun. A Vichy, le nombre est beaucoup moindre ; il n'y va presque que les personnes les plus qualifiées, mais cela fait toujours une grande consommation des denrées de la province du Bourbonnais et apporte très considérablement de l'argent, aussi bien que la grande route de Paris à Lyon et d'Auvergne à Paris, ce qui fait valoir le commerce de la coutellerie, en laquelle les ouvriers de Moulins excellent, et de l'émail dont il y a de bons ouvriers à Moulins, Bourbon et Nevers (2), car chaque étranger a coutume d'emporter de ces sortes d'ouvrages pour en faire présent à sa famille ou à ses amis.

(1) Voir un article de l'ancien conservateur du musée de Guéret, A. Fillioux, *Les thermes d'Evaux*, dans les *Mém. de la Soc. des sciences nal. et archéol. de la Creuse*, 1873, p. 193-207.

(2) Le ms. Philipps supprime ici la ville de Moulins.

Commerce et caractère des esprits

Le Nivernais a son commerce particulièrement de faïencerie (1), qui se fait dans la ville de Nevers et qui est très
considérable. Il y a aussi une bonne verrerie. Mais le commerce des fers et des charbons de pierre est beaucoup plus
considérable, aussi bien que celui des bois flottés du côté
du Morvant. Dans le pays détaché d'Auvergne, il s'y fait
aussi un très grand commerce de fromages, de chanvres et
de vins ; celui de bœufs, vaches, veaux, moutons et cochons
est très grand. Les bestiaux, surtout ceux de trait, s'achètent
pour la plupart en Auvergne et se revendent dans les marchés du Bourbonnais, Nivernais et de la Marche, pour
être transportés en Flandre, Allemagne et Italie dans les
temps de guerre ; et les blés et avoines du Nivernais et du
Bourbonnais vont par la Loire et le canal de Briare à
Orléans et à Paris.

Il n'y a aucun marais à dessécher dans ces provinces ;
les terres y sont cultivées à l'ordinaire et si elles ont moins
produit, c'est l'effet du déréglement des saisons, et le man-

(1) Voir L. Du Broc de Segange, *La faïence, les faïenciers et les émailleurs de Nevers*, 1861, in-4°, et, plus spécialement sur les Conrade,
faïenciers de Nevers, et l'antiquité de l'industrie de la faïence dans
cette ville, M. Rouvet, *Les Conrade, leurs faïences d'art*, dans le *Bull.
de la Soc. nivernaise*, 1901, p. 66 et suiv. Voir encore, aux archives
communales de la ville : BB. 6 (juin 1715) ; BB. 22 (1638) ; BB. 31
(1682) ; etc.

Sur les émailleurs, la *Société nivernaise* (t. VII, p. 43 et suiv.) a publié
trois documents, dont deux de 1683, desquels il ressort qu'il y eut mo-
mentanément au collège des Jésuites de Nevers un cours sur l'art de
l'émail, et le troisième de 1704, déchargeant le sieur Claude Dupont
Saint-Pierre, émailleur, de la recette de l'Hôtel-Dieu de Saint-Didier,
à la condition de soigner gratuitement les pauvres gens qui avaient'recours
à un autre art qu'il pratiquait concurremment avec le premier, celui de
« renoueur des fractures et dislocations des os du corps humain ».

quement de fumier que la rareté des bestiaux a causé, aussi bien que la pauvreté et l'impuissance des maîtres, qui a dépeuplé les métairies de bestiaux, et qui sont la véritable cause du peu d'abondance, car il faut observer en passant que l'usage de ces provinces est que tous les métayers des lieux affermés sont plutôt des valets à gages que des métayers. Ce sont presque tous malheureux qui n'ont rien que leurs bras ; il faut que le maître avance pour eux la taille, l'ustensile et les autres charges publiques ; qu'il fournisse les bestiaux et les semences sur lesquelles il retire ce qu'il a avancé pour son métayer qui le trompe ordinairement et sort en fraude (1). Or, toutes les terres sont composées d'une infinité de métayers de cette qualité, qui sont presque plus à charge qu'à profit, surtout pour les maîtres qui ne demeurent point sur les lieux.

L'on remarque ordinairement et aisément la différence de caractère des esprits suivant celle des territoires de cette généralité. Les habitants du Bourbonnais et surtout des villes de Moulins, Vichy et Bourbon, sont plus doux, civils et caressants que ceux des autres provinces. Ils sont aussi plus légers, mais moins laborieux et moins industrieux ; ils retiennent le naturel de la terre légère de leur pays, de l'inconstance de la rivière d'Allier, qui roule des sables mouvants qu'elle ôte et redonne à ses riverains d'une année à l'autre (2), et aussi du commerce utile et agréable qu'ils

(1) « Et qui souvent abandonne la métairie après en avoir détourné et emporté ce qu'il a pu. » (Manuscrit Philipps.)

(2) Cette mobilité des rives était la cause de procès fréquents. Voir, en 1682, une sentence de la chambre du domaine de Bourbonnais condamnant le sieur Lomel et sa femme, dame Aladane, à délaisser l'ancien lit de la rivière d'Allier, face à l'Ile aux Blondeaux et à restituer au prince de Condé, demandeur, les fruits qu'ils avaient perçus. (Arch. de l'Allier, E. 1320.)

En juin 1699, les habitants du Veurdre demandent que l'Allier soit remis dans son ancien lit : toutes leurs terres sont inondées et il leur est devenu impossible de nourrir leurs bestiaux. (Arch. nat. G⁷ 408.)

ont avec les étrangers de qualité que les eaux ou la grande route de Paris à Lyon leur fait voir continuellement.

Les habitants du Nivernais, et surtout ceux de la ville de Nevers et qui sont sur la même route, participent aussi du même tempérament et sont assez polis et civils, mais le reste du Nivernais est plus dur, par rapport aux bois et à la qualité de leurs terrains ; néanmoins, on doit avouer que les habitants de la ville de Château-Chinon sont très civils, ont beaucoup d'esprit et d'industrie, ce qui peut provenir de l'activité de leur commerce, qui est leur seule ressource et de la situation de leur petite ville, qui est sur le haut d'une montagne où ils respirent un air plus vif et plus subtil que les autres.

Quant à ceux de la Marche, ils sont terrestres, noirs et mal faits ; aussi, presque toutes leurs villes, et surtout Guéret, Aubusson et Feüilletin sont au pied de montagnes affreuses. Cependant, ils sont meilleurs ménagers qu'aucuns autres de leurs voisins ; par leur industrie et leur travail, ils réparent les désavantages de leur pays (1) ; mais, cependant, par les lois de leurs coutumes locales qui ont conservé l'usage des mains-mortes, qui s'est perpétué chez eux, et la nécessité qu'ils ont de se louer tous les ans pour les services des peuples des autres royaumes et provinces, il paraît bien qu'ils ont été de tout temps nés pour la servitude (2).

(1) « Le Marchois est, en général, sobre, ménager, laborieux et industrieux ; très attaché au lieu qui l'a vu naître, il n'en sort jamais sans un vif regret et sans le désir d'y revenir. Ses mœurs sont simples, douces et pures. » (Joullietton, *op. cit.*, t. II, p. 271.)

(2) En effet, comme le dit M. Autorde, archiviste de la Creuse, dans un mémoire lu à la Sorbonne, en 1891, « la Marche est au nombre des provinces qui ont eu le peu glorieux privilège de conserver jusqu'au terme de l'ancien régime l'usage des servitudes » ; toutefois, on doit repousser la doctrine « qui tend à montrer ce pays comme un de ceux où la condition servile comportait les obligations les plus dures ». Et précisément, les adoucissements apportés au servage dans cette région,

Le caractère des habitants de Gannat, Aigueperse et des pays désunis de l'Auvergne [est qu'] ils sont peu polis, durs, laborieux et intéressés; cependant, ils se sentent un peu plus que les autres de la politesse du Bourbonnais, avec lequel ils ont à présent plus de liaison et d'affinité, depuis leur union à cette généralité.

« peuvent être considérés comme la cause qui maintint le régime dans une immobilité presque complète pendant de longs siècles. » (*Mém. de la Soc. des sciences nat. et archéol. de la Creuse*, 1891, p. 135-150.)

CHAPITRE II

Villes

Il y a dans le Bourbonnais dix-huit villes, savoir : Moulins, Montluçon, Gannat, Bourbon, Vichy, Souvigny, Billy, Varennes, Verneuil, le Veurdre, Jaligny, la Palisse, Hérisson, Montmarault, Gouson, Huriel, Villefranche, le Montet-aux-Moines.

Moulins (1), la capitale du Bourbonnais et la principale ville de la généralité dont elle est le siège et le lieu de l'établissement du bureau des finances et du séjour de l'intendant de la province, est située dans un plat pays agréable et fertile, sur les bords de la rivière d'Allier. Elle est moderne ; autrefois, les anciens sires ou seigneurs de Bourbon faisaient leur demeure dans la petite ville de Souvigny, distante de Moulins de près de deux lieues et remarquable par son antiquité, puisque, dans l'histoire de Charlemagne, il paraît que ce grand prince y passa, aussi bien qu'à Chantelle, qui est une autre petite ville de cette généralité, lorsqu'il alla conquérir l'Espagne ; mais, comme ces seigneurs aimaient la chasse, ils choisirent d'abord un endroit où il y avait une ancienne tour qu'on appelle aujourd'hui la tour Mal-Coiffée, bâtie par leurs aïeux, et qui fait partie du château de Moulins, au bas de laquelle il y avait plusieurs moulins qui

(1) Voir H. Faure, *Histoire de Moulins*, Moulins, 1900, 2 vol. gr. in-8°.

donnèrent le nom à cette ville, comme le lieu le plus proche pour prendre le divertissement de la chasse. Ils commencèrent donc d'y faire bâtir le château, et les plaisirs des seigneurs, leur séjour, l'agrément et la commodité du lieu formèrent peu à peu la ville de Moulins telle qu'elle est aujourd'hui.

Il paraît que Robert, comte de la Marche, commença d'y faire le premier bâtir un hôpital (1) et que, dans la suite, Louis II, duc de Bourbon, fit bâtir les pavillons qui forment la première cour joignant ladite grosse tour. Il mourut en 1410 et ses successeurs firent bâtir l'église, dédiée à Notre-Dame (2), d'une fort belle structure, mais dont il n'y a que le chœur qui soit achevé, dans laquelle ils fondèrent un chapitre ou église collégiale qui est composée d'un doyen et de onze chanoines et deux vicaires de chœur.

On y établit un bailliage, une sénéchaussée, un siège présidial et, en 1587, le roi Henri III y établit un bureau des finances.

Il y a, outre cela, une prévôté et une châtellenie royale, une juridiction du domaine, un siège d'élection, une maîtrise des eaux et forêts, une maréchaussée et une vice-sénéchaussée commandée par un prévôt général ; plusieurs

---

(1) Le premier hôpital de Moulins, l'hôpital Saint-Julien, fut fondé par Jean de Bourgogne, mari d'Agnès de Bourbon, qui affecta par testament une rente de cent quatre-vingts livres à l'entretien de cent pauvres (1267). C'est Agnès qui fit bâtir l'hôpital après la mort de son mari. Robert, comte de Clermont, qui mourut en 1318, époux de Béatrix de Bourbon, fit plusieurs legs à cet hôpital par son testament du 6 décembre 1317. (Arch. nat., P. 1370¹, cote 1894 ; imprimé par Huillard-Bréholles, *Titres de la maison ducale de Bourbon*, t. I, p. 252, et dans la dernière édition de La Mure, *Histoire des ducs de Bourbon et des comtes de Forez*, Paris, 1860-1897, t. III, p. 155-157.)

(2) Voir L. Du Broc de Segange, *Notre-Dame de Moulins*, Moulins, 1876, in-8.

couvents de religieux : carmes (1), augustins (2), cordeliers (3), jacobins (4), minimes (5), chartreux (6), capu-

(1) Etabli en 1352 par bulle de Clément VI, sous Pierre, duc de
Bourbon. (E. Bouchard, *Les Carmes de Moulins*, Moulins, 1898, in-8°.)
En 1696, dix religieux prêtres, y compris le prieur ; trois frères lais,
un valet. (Arch. de l'Allier, C. 91.)

(2) Installés en 1615 au faubourg de Bourgogne, par autorisation de
Denys-Simon de Marquemont, archevêque de Lyon. Le 25 avril de
ladite année, « les Messieurs de la ville de Moulins » consentirent à cet
établissement, ainsi qu'aux quêtes que feraient les augustins pour leur
subsistance. (Arch. de l'Allier, H. 538.) En 1696, treize religieux prêtres
et un frère lai, plus un valet. (*Ibid.*, C. 91.) Voir sur eux un factum du
XVIIIᵉ siècle contenant des détails sur l'histoire du couvent et publié par
M. R. de Quirielle (*Bull. de la Soc. d'émulation du Bourbonnais*, 1905,
p. 135).

(3) Il n'y avait point de cordeliers à Moulins ; le dénombrement fait
en 1696 n'y mentionne aucun couvent de cet ordre. Cette erreur
de l'intendant est assez inexplicable. Les disciples de saint François
n'étaient représentés en Bourbonnais que par les cordeliers de
Champaigre, de Châteldon (actuellement dans le Puy-de-Dôme), du
Donjon, de Montluçon et de Saint-Pourçain et par les clarisses de
Moulins. Cf. sur ces couvents les notices ayant comme auteur le
P. Fodéré, et rééditées, pour les quatre premiers, par F. Claudon
(Moulins, 1901), et pour celui de Saint-Pourçain par A. Vayssière
(*ibid.*, 1893).

(4) Etabli en exécution d'un vœu fait à Marignan par le connétable de Bourbon (1515). Six religieux prêtres et deux frères lais
en 1696.

(5) Fondés en 1621 par André Du Buysson, du couvent de Lyon, pré-
dicateur de l'ordre ; autorisation municipale du 6 septembre. (Arch. de
l'Allier, H. 684.) En 1696, sept religieux prêtres et un frère lai.

(6) Actes de leur établissement : 12 août 1622, délibération du conseil
de ville de Moulins portant que les religieux de la chartreuse de Bon-
nefoy, au diocèse de Viviers, seront appelés à Moulins ; 25 août, lettre
du maire et des échevins aux chartreux, leur promettant un spacieux
emplacement et l'exemption des impôts ; 1ᵉʳ septembre, autre lettre des
mêmes « au très révérend père Domp Bruno, général du sainct ordre
des Pères chartreux, à la Grande-Chartreuse ». Les chartreux étaient
installés en 1623 ; 12 novembre, procès-verbal par Claude Feydeau,
doyen de l'église Notre-Dame de Moulins, et agissant au nom de
l'évêque d'Autun, de la plantation de croix, procession et installation
des chartreux. (Arch. de l'Allier, H. 635.)

cins (1), frères de la charité (2) et plusieurs couvents de filles religieuses (3) : ursulines, capucines ou [sœurs de] Sainte-Claire, carmélites, religieuses de Sainte-Marie de la Visitation, bernardines, hospitalières de Saint-Joseph, sœurs de la Croix et sœurs grises. Il y a aussi un très bel hôpital général (4), gouverné par des principaux et vertueux bourgeois de la ville, et un collège tenu par les jésuites, dont l'église n'est pas encore achevée faute de secours et de fonds suffisants (5).

Comme cette ville est très moderne, elle n'est principalement recommandée que par la tenue des Etats dont elle fut honorée en 1566, d'où est sortie cette belle et fameuse ordonnance qui porte son nom.

L'église et le couvent de Sainte-Marie ont été bâtis par Mme de Montmorency ; l'église, quoique petite, est très belle

(1) Etablis en 1601 aux environs de la ville, sur le coteau de Sainte-Catherine, ils se transportèrent en 1635 près du mur d'enceinte, à mi-côte. En 1696, vingt-sept religieux, dont six frères lais.

(2) En 1696, six religieux et deux valets.

(3) En 1727, à la suite de la multiplication des « communautés de filles » dans le royaume, un arrêt du Conseil d'Etat nomma une commission chargée de vérifier en vertu de quelles autorisations elles s'étaient formées et aussi « pour examiner les expédiens les plus convenables à l'effet de [leur] procurer… les secours dont elles peuvent avoir besoin » (19 avril). Cette commission résidait à Paris et correspondait avec les intendants ; elle se composait du cardinal de Rohan, de MM. Rouillé, de Vanolles, Le Pelletier de Beaupré et Chopin. Des états lui furent adressés en 1728 par les intendants, et, bien que postérieurs de trente années, c'est, pour la généralité entière, un précieux développement à l'énumération succincte de M. Le Vayer ; ils donnent le nombre des religieuses, leur ordre, leur observance, la date de la fondation, les revenus et les charges. (Arch. de l'Allier, C. 113-124. — Voir aussi C. 91, qui donne, fol. 4 et 5, le nombre des religieuses pour 1696.)

(4) Les lettres patentes portant l'établissement de l'hôpital général sont du mois de février 1660 ; publiées dans le *Bull. de la Soc. d'Emulation du Bourbonnais*, année 1895, p. 197 et suiv.

(5) Les brevet et lettres patentes en autorisant l'établissement sont du 30 novembre 1603 et du 29 juin 1604.

et d'une grande structure et ornée d'une pièce qui excite la curiosité et l'admiration de tous les voyageurs : c'est le tombeau de feu Henry, dernier duc de Montmorency, dont tout le monde sait la disgrâce ; sa veuve a trouvé, en se faisant dans ce lieu religieuse de Sainte-Marie, et faisant bâtir ce couvent et cette église à la gloire de Dieu et ce tombeau magnifique de M. de Montmorency, le moyen de consacrer en même temps et sa personne et l'affection tendre et fidèle qu'elle a toujours gardée jusqu'à la mort pour cet infortuné et illustre époux (1). Il y a, dans ce tombeau, deux figures qui se distinguent des autres par la beauté : une d'Hercule assis tenant en sa main et s'appuyant sur sa massue, les yeux baissés et tout triste, et une figure de la Libéralité, dont l'attitude, la noblesse et la délicatesse des draperies sont merveilleuses (2).

Les chartreux ont fait aussi depuis peu un bâtiment et une église très magnifique. Les carmélites viennent de faire bâtir une petite église fort simple et dénuée d'ornements, mais élégante et qui fait honneur à la ville et au sieur Lingré (3), son architecte, originaire du pays.

(1) Henri II de Montmorency fut décapité à Toulouse le 30 octobre 1632 ; sa femme, Marie-Félice Des Ursins, mourut le 5 juin 1666 à Moulins. En 1684, Cotolendi donna une *Vie de la duchesse de Montmorency, princesse des Ursins, supérieure de la Visitation de Sainte-Marie de Moulins* (Paris, in-8°). On a longtemps discuté sur la présence du corps du duc dans le mausolée. M. l'abbé Clément, qui a découvert aux Archives de l'Allier un procès-verbal du 26 vendémiaire an 11, duquel il ressort que les ossements de Henri et de la duchese furent, à cette date, extraits de leurs cercueils de plomb puis enfouis de nouveau sans aucune marque extérieure, prépare sur cette question un travail sans doute définitif. (Cf. *Bull. de la Soc. d'émulation du Bourbonnais*, année 1905, n° 7.)

(2) Ce mausolée est l'œuvre de François Anguier et de Regnaudin, son élève.

(3) Lingré était en effet originaire de Moulins. Il fut l'architecte de la Visitation, ce qu'a oublié de dire Le Vayer, s'il n'a toutefois fait ici confusion. Fut-il également celui de la chapelle des Carmélites ? Cela est douteux. L'*Ancien Bourbonnais*, d'Achille Allier (t. 11, p. 116), donne

L'on y voit aussi un beau cours planté d'ormeaux à quatre rangs et très long, le long de la rivière de l'Allier, et les ruines d'un pont de pierre bâti en 1684, réparé en partie en 1685 et 1686, et qui est tombé en 1689, dont les restes pitoyables, n'ont rien de remarquable, si ce n'est qu'ils sont un monument honteux de l'ignorance ou de l'infidélité des ouvriers qui l'avaient entrepris (1).

le nom de Lemercier, qui aurait travaillé sur les dessins de Mansart. (Cf. H. Faure, *Histoire de Moulins*, t. II, p. 492, 502 et suiv.— Bauchal, *Nouveau dictionnaire des architectes français*, 1887, p. 383.)

(1) La dernière étude sur les ponts de Moulins est due à M. l'abbé Clément, *La chute du pont Ginguet et l'architecte royal Mathieu* (Bull. de la Soc. d'émulation du Bourbonnais, 1901, p. 111-113). On y trouvera les sources à consulter. C'est le 21 octobre 1689 que la crue de l'Allier jeta bas le pont Ginguet, déjà très atteint. La date de la construction (1684) donnée par notre intendant ne concorde pas avec celle donnée dans un plan de Mathieu, chargé depuis 1682 de la visite des ouvrages à faire pour rendre la Loire plus navigable, et d'après lequel le pont qui tomba en 1689 aurait été achevé en 1632. (Arch. de l'Allier, C. 18.) On dut, après cet événement, recourir au procédé primitif du bac, jusqu'aux premières années du XVIIIe siècle. (Cf. H. Faure, *op. cit.*, t. II, p. 673.) L'intendant, M. de Châteaurenard, écrivait en juillet 1691 au contrôleur général : « Les plaintes continuelles que je reçois des incommoditez que le public et les trouppes ressentent du passage de la rivière d'Allier depuis la cheute du pont de Moulins, m'ont fait penser incessamment à trouver quelque expédient pour la construction d'un pont. J'en ay demandé plusieurs fois des devis au sieur Mathieu, mais les voyages et les grandes eaux l'ont empesché de me pouvoir satisfaire sur cela, n'estant pas d'avis qu'on le construisit dans le même endroit où il estoit...» Mathieu dressa cependant un plan et estima la dépense à vingt ou vingt-cinq mille livres. (Arch. nat. G⁷ 407.) Ce ne fut pas lui qui construisit le nouveau pont ; celui-ci fut élevé sur les plans de Mansart et s'écroula en 1710. Le ms. Philipps ajoute à ce propos les renseignements suivants : « Cette indignation augmenta encore bien davantage le 8 novembre 1710, lorsque, par une crue d'eau extraordinaire de plus de quinze pieds par la fonte des neiges, on vit tout d'un coup abîmer le nouveau pont qu'on admirait pour la beauté de son architecture des plus hardies, que le sieur Germain Le Duc, très habile ingénieur des bâtiments du Roi, avait entrepris, et auquel à peine il avait donné la dernière main, suivant les plans et les desseins que M. Mansart, surintendant des bâtiments du Roi, avait dressé lui-même sur les lieux. Et ce pont, qui avait coûté jusqu'à

Il y a dans Moulins 11.339 personnes, suivant l'énumération qui en a été faite avec la dernière exactitude, et de toutes les villes de la généralité, à l'occasion de l'établissement de la capitation (1). Il y a 2.879 feux (2).

la somme de 813.540 livres, se trouva renversé de telle sorte qu'on n'en a pas vu depuis une seule pierre, comme si tout était tombé dans un profond abîme ; pour la dépense duquel pont, qui était composé de trois arches, on avait levé, par ordre du Roi, sur la province de Bourbonnais et sur les provinces voisines, la somme dont on vient de parler. Il ne faut pourtant pas imputer la chute de ce dernier pont au sieur Le Duc, qui était originaire de Cambrai, qui passait pour un très habile ingénieur... depuis qu'il avait conduit une partie des travaux de Dunkerque et du château de Marly, étant certain qu'avant que de commencer les fondements... et doutant de la solidité du terrain qui est plein de sable, il en avait représenté ses raisons à M. Mansart, lequel s'étant ensuite transporté sur les lieux, lui ordonna d'y travailler en ce fatal endroit... » Le Duc mourut peu d'années après, en février 1717.

(1) La capitation fut créée par le contrôleur général Pontchartrain en janvier 1695 pour satisfaire aux exigences de la guerre, supprimée trois ans après et rétablie en 1701. C'était un impôt qu'en principe tout le monde devait payer, et des « rôles et dénombrements » de la population étaient dressés à cette occasion, comprenant les ecclésiastiques, les nobles ainsi que les personnes vivant noblement, et les gens de toutes autres conditions. Le rôle de la ville de Moulins pour 1696 fut dressé en exécution des ordres de M. Le Vayer, par le subdélégué Henri Bolacre et par deux commis (Arch. de l'Allier, C. 91) ; seuls n'y étaient pas compris : le gouverneur du Bourbonnais, le comte de Charlus, l'intendant, « parce qu'ils payent ailleurs », et les mendiants. Le chapitre de Notre-Dame est dénombré le premier, « le sieur Filiol de la Fauconnière, doyen », en tête, possédant un laquais et taxé à une livre, ce qui était le minimum ; après le clergé, les gentilshommes, au sujet desquels on consultera, pour rapprochement, une statistique nobiliaire du Bourbonnais, dressée en 1664, vraisemblablement par l'intendant de Pomereu, publié par M. R. de Quirielle (*Annales bourbonnaises*, t. III), et commentée par M. Du Broc de Segange dans le *Bulletin-revue de la Société d'émulation du Bourbonnais* (1893, p. 4, 75, 103) ; puis viennent, nominativement toujours, les officiers de justice, les avocats, procureurs, notaires, les officiers de finance, ceux de l'élection, ceux des eaux et forêts, etc., les médecins, les bourgeois, marchands, petits commerçants de toutes sortes, ouvriers, journaliers, enfin les pauvres, sur lesquels on ne peut même pas prélever le minimum de vingt sols.

(2) Le système d'évaluation de la population par âmes et le système

Le génie de ses habitants est, à l'égard des hommes de
métier dans tous les états, de mener une vie fort aisée,
douce et commode ; chacun y fait sa profession avec honneur, mais sans beaucoup s'y attacher ni vouloir se con-
traindre pour quoi que ce soit ; aussi tout le monde y est
assez égal, et, comme l'émulation en est bannie, personne
ne s'y élève et ne s'y distingue au-dessus des autres. Les
beaux-arts, les sciences y sont négligés, et l'on y préfère
la douceur de la vie et les plaisirs à tout le reste, d'où vient
qu'il ne s'y fait point de fortunes et qu'on ne sait ce que
c'est que le commerce. Les femmes de tout temps y ont été
très coquettes et peu circonspectes dans le dehors de leur
conduite ; leur esprit est léger et tout rempli de la passion
du jeu qui les occupe tous les jours et les nuits ; leurs maris
leur laissent une liberté tout entière pour en avoir aussi de
leur côté ; cependant, on n'entend point parler des désordres
ordinaires à une telle conduite, et peut-être est-ce la récom-

d'évaluation par feux ont été concurremment adoptés par les statisticiens
de l'ancien régime, le premier plus fréquemment. Le second avait cependant l'avantage de se faire sans enquête, au moyen des registres municipaux et des rôles de taille. Un dénombrement de 1709, imprimé à
Paris, chez Saugrain *(Dénombrement du royaume par généralités, élections,
paroisses et feux)*, donne pour notre généralité les chiffres suivants que
l'on pourra comparer avec ceux de l'intendant : Moulins, 2.920 feux ;
Nevers, 1.563 ; Guéret, 494 ; Bourbon, 300 ; Souvigny, 290 ; Cusset, 740 ;
Gannat, 880 ; Vichy, 200 ; Montluçon, 853 ; Decize, 208 ; Château-Chinon,
504 ; Aubusson, 687 ; Evaux, 224 ; etc. A côté de ressemblances frap-
pantes, pour Moulins, par exemple, pour Vichy, cette statistique présente
avec celle de l'intendant des écarts vraiment excessifs, de 310 feux
pour Gannat, de 74 pour Château-Chinon, etc.

Le rapport entre les âmes et les feux, d'après les chiffres de M. Le
Vayer, est de quatre à cinq personnes par feu, plutôt moins que plus.
(Voir l'introduction de M. de Boislisle, au t. 1er des *Mémoires des intendants*.) Une note du *Dénombrement* de 1709 observe que l'on « doit
regarder le nombre des feux de chaque lieu comme plus curieux que
sûr, parce qu'il n'y a rien de plus sujet au changement, mais comme
donnant cependant une idée approchante de sa consistance et de sa
grosseur ».

pense de l'hospitalité, qui est le caractère du pays, et de la charité qui y est naturelle pour les pauvres et même entre les hommes et les femmes, qui supportent aisément les défauts des uns et des autres et se déchirent moins que partout ailleurs par des médisances cruelles.

L'habitant est affectionné au Roi et se pique même de fidélité ; il n'y a guère de ville en France où il y ait eu moins de religionnaires, et le peuple y est si dévôt que souvent on le voit à genoux, d'une rue à l'autre, quand on chante le salut ou qu'on donne la bénédiction du Saint-Sacrement, ce qui peut provenir aussi de la petitesse des églises, car il n'y a point de villes capitales en France où les églises soient moins belles et où les cloches soient plus mauvaises. Il n'y a point d'église paroissiale dans Moulins ; les deux églises paroissiales sont dans la paroisse d'Izeure et celle de Saint-Bonnet, toutes deux à un quart de lieue de la ville. Il n'y a que l'église de Saint-Pierre et celle de Saint-Jean dans Moulins, qui sont succursales ou que les curés d'Izeure et de Saint-Bonnet desservent par eux ou par des vicaires établis. Le curé de Saint-Pierre de Moulins peut avoir 3.000 livres de revenu, mais il entretient douze vicaires. Le curé de Saint-Jean n'a qu'un vicaire et son revenu est de 800 livres (1).

Enfin, la ville n'est point forte. M. de Saint-Géran (2), gouverneur, avait autrefois entrepris de lui faire une nouvelle enceinte, mais ce dessein a été abandonné, et, à l'égard de la vieille enceinte de murailles, on en a abattu, il y a dix-sept ans, les quatre portes de l'ancienne ville, de sorte que c'est une ville toute ouverte et sans défense.

---

(1) Il y avait en outre, au faubourg de la Madeleine, une succursale d'Yzeure, avec un vicaire.

(2) Claude de La Guiche, seigneur de Saint-Gerand, comte de la Palisse, gouverneur, maréch l et sénéchal de Bourbonnais, mort en 1659.

Montluçon (1) est la seconde ville du Bourbonnais ; elle est située dans un aspect très agréable, sur le penchant d'un coteau qui s'étend fort doucement jusqu'à la rivière du Cher qui baigne un de ses quatre faubourgs et coule sous un pont de pierre (2) de quatre arches, dont deux sont imparfaites ; cette ville est fermée de bons fossés et de murailles bien entretenues et défendues de distance en distance de quarante tours (3) rondes avec quatre portes de ville.

La ville est assez peuplée : il y a 3.000 personnes et 800 feux. Elle est desservie par deux curés à portion congrue et par des prêtres habitués ; il y a une église collégiale fondée par les ducs de Bourbonnais, desservie par un doyen et douze chanoines capitulaires au lieu de dix-huit qu'ils étaient autrefois, dont les canonicats peuvent valoir 400 livres, avec un bas-chœur composé de douze vicaires.

Il y a un couvent de cordeliers (4), un de capucins, deux

(1) Voir E. Janin, *Histoire de Montluçon*, Montluçon et Paris, 1904, gr. in-8° ; H. de Laguérenne, *Simple croquis de Montluçon...*, Moulins et Paris, 1904, in-16 ; Perrot des Gozis, *Les Montluçonnais de 1490 à 1497*, listes extraites d'un terrier, auxquelles sont jointes des notes sur l'histoire des familles citées (*Ann. bourbonnaises*, t. v et vi).

(2) Le pont Saint-Pierre, sur lequel s'élevaient des boutiques de petits commerçants et même des maisons couvertes en tuiles (Arch. de l'Allier, série E, fonds de Montluçon).

(3) Ces tours n'avaient plus alors grande utilité défensive ; dès 1650, les consuls concédaient à Philippe Thévenet, prêtre communaliste de Notre-Dame, la jouissance pendant toute sa vie de la Tour Neuve, entre la porte des Cordeliers et la porte des Forges, à la condition qu'ils pourront y faire monter la garde et en avoir l'accès pendant les troubles ; le contrat fut cependant résilié, l'absence constante dudit Thévenet ne permettant pas aux consuls de pénétrer librement dans la tour, et un nouveau locataire fut installé en 1655 (*ibid.*).

(4) Fondé en 1445, à la suite d'une demande du duc de Bourbon au pape Eugène IV. Cf. le P. Jacques Fodéré, *Narration historique et topographique des convens de l'ordre de Saint-François...*, éd. partielle par F. Claudon sous ce titre : *Les Cordeliers du Bourbonnais*, Moulins, 1901, in-8°.

communautés de filles, une de Saint-Bernard, l'autre de
Sainte-Ursule (1) qui sont fort riches, un petit hôpital ou
Hôtel-Dieu, desservi par les sœurs grises sous la direction
de quatre directeurs tirés des échevins.

Il y a une châtellenie royale composée d'un président,
d'un lieutenant civil, lieutenant criminel, lieutenant particulier, d'un procureur du Roi et d'un substitut ; un bureau
d'élection, un grenier à sel, un lieutenant de la vice-sénéchaussée de Moulins et sept archers.

Le corps de ville est composé seulement de quatre échevins, car la charge de maire n'y a point encore été levée et
de dix-huit conseillers élus tous les deux ans et d'un procureur du fait commun.

Cette ville fournit commodément ce qui est nécessaire pour
vivre agréablement et faire bonne chère ; les vins des environs
sont très abondants et très délicats, la viande y est très excellente et les veaux de Montluçon sont très estimés ; le gibier et
la perdrix rouge surtout y sont merveilleux. Le peuple y est
poli, mais peu laborieux et abusant de ce don que la nature
lui a présenté, car il se donne beaucoup au vin (2).

(1) Voir une étude de M. Miquel (*Revue bourbonnaise*, 2ᵉ année, p. 90
et 199) sur les couvents de Montluçon au XVIIᵉ siècle. Les capucins s'ins-
tallèrent au début du siècle. Les ursulines furent établies par Françoise
de Culant, épouse du seigneur de Vaux, gentilhomme huguenot, en 1645 ;
en 1698, la supérieure était mère Anne de Saint-Joseph. Les bernardines
arrivèrent en 1628 ; Marguerite de Pollier, veuve de Gilbert de Comminges, élu de Montluçon, leur donna un enclos situé derrière le Châtelet,
sur les bords du Cher et de l'Amaron ; elles s'agrandirent en 1682 ;
elles ne furent autorisées définitivement que par lettres du 31 mars 1688.
(Voir une copie collationnée à l'original desdites lettres patentes, Arch.
de l'Allier, C. 120. — Délibérations du consulat pour approuver la fondation, *ibid.*, série H., fonds des bernardines de Montluçon.)

(2) Les habitants de Montluçon « semblent estre d'un naturel rude et
rébarbatif ; mais c'est seulement en leur parler, car si sont-ils néant-
moins courtois et humains en leurs actions... ; ils sont fort dévôts et fré-
quentent fort les églises ». (Le P. Jacques Fodéré, *supra*.)

Bourbon-l'Archambault est une petite ville plus illustre encore par le grand nom qu'elle porte et qu'elle a donné à la province que par la réputation de ses eaux. Elle est le siège d'une châtellenie royale composée d'un bailli, de son lieutenant particulier et d'un procureur du Roi ; il y a un maire, un procureur du fait commun et des consuls (1). Il y a un château magnifique dont la Sainte-Chapelle est d'une beauté digne de la grandeur du nom de ses fondateurs, qui ont fondé un trésorier et douze chanoines, et où l'on conserve avec grand soin et beaucoup de piété un morceau sacré de la vraie croix qu'on expose à l'adoration du peuple à certains jours de la semaine. Quelques historiens remarquent une chose fort singulière : ils prétendent que, dans le même temps que le roi Henri III fut assassiné, un coup de tonnerre, sans toucher à l'écu de France qui est peint dans les vitres de la Sainte-Chapelle, en emporta seulement la brisure qui était particuliée à la maison de Valois, qui avait levé la couronne à celle de Bourbon.

Cette petite ville est assez bien bâtie, mais elle est située entre quatre montagnes qui en rendraient l'accès très difficile et presque impraticable, si le Roi n'avait donné ses ordres ces dernières années pour faire de nouveaux pavés qui en rendent aujourd'hui l'accès plus agréable et plus facile (2). On a travaillé aussi, depuis peu, par les ordres de

(1) En 1700, Antoine Celiére, lieutenant des gardes du gouverneur du Bourbonnais, époux de Jeanne Hesdin, est châtelain de Bourbon ; en 1698, M. Pierre Damours est « lieutenant général, juge en chef de pollice, enquesteur et commissaire examinateur en ladite châtellenie » ; il mourut le 29 mars 1713. Jean Fallier, époux de Marie Perreau, est procureur en 1700 ; en 1703, les registres paroissiaux mentionnent le décès de Gabriel Bâtissier, procureur en la châtellenie. Gilbert Bâtissier, maire de Bourbon, était mort le 24 avril 1698 ; le 4 octobre 1703, Gilbert Demas est mentionné comme lieutenant de maire ; en 1712, on trouve Gilbert Bourdier, maire perpétuel et intendant des eaux minérales.

(2) Voir plus loin, chap. VII.

S. M., à rétablir la pureté des eaux et la propreté des bains
en faisant nettoyer les puits et distribuer ces eaux dans des
bains séparés, qui se remplissent et se vident par de nouveaux canaux faits pour éviter la confusion des bains et le
dégoût que ce mélange fangeux donnait à ceux qui étaient
obligés de descendre dans les bains.

Les anciens sires de Bourbon avaient encore fait faire un
étang, dont la chaussée et les moulins qui sont au pied du
château répondaient à la beauté de cet édifice.

Il y a un couvent de capucins et l'on y compte 1.200 personnes et 370 feux.

Souvigny, dont il a été parlé dans la ville de Moulins (1),
était l'ancienne demeure des sires de Bourbon. On y voit
encore un fort beau prieuré et une ancienne et belle église
ornée des anciens tombeaux des sires de Bourbon, mais les
principaux sont néanmoins dans l'église des cordeliers de
Champaigre qui ne sont éloignés que de demi-lieue de cette
petite ville.

C'est un siège de châtellenie : le prieur y a aussi sa justice. Elle a 800 personnes et 339 feux.

Gannat est une châtellenie où il y a châtelain, président,
lieutenant particulier (2), procureur du Roi, un siège
d'élection (3), un grenier à sel, un siège d'officier du gre-

(1) Voir p. 23.

(2) En 1698, François Rabusson, s. de Vaure, est lieutenant en la
châtellenie.

(3) Un document de 1716 (Arch. nat., H¹ 1.588, 38) fournit l'état de
l'élection à cette date. L'élection comprenait 194 villes ou paroisses,
2.083 domaines existants et 31 domaines abandonnés, 16 maisons religieuses, 72 gentilshommes payant la capitation ; les foires étaient au
nombre de 81, sans compter 364 petits marchés. On la divisait, au point
de vue agricole, en trois parties : 1°, 63 paroisses en pays de montagnes
où on ne récoltait que du seigle ; un peu de bois ; petit commerce de
bestiaux ; 2°, 50 paroisses « en pays de la Limagne et bon terroir de

nier à sel, un maire, procureur du Roi du fait commun de l'hôtel de ville, un couvent de capucins, un d'augustins, un des filles de Notre-Dame, un chapitre de douze chanoines.

Il y a dans cette petite ville 1.500 personnes et 570 feux ; le peuple y est fort grossier (1).

Vichy, sur la rivière d'Allier, est connue par ses eaux minérales, a un châtelain ou lieutenant général, le sieur de Pontgibaud (2), qui est fort honnête homme et de probité ; il y a un maire (3) et un procureur du Roi du fait commun (4), un grenier à sel et un siège [d'officier] du grenier à

froment » ; 3°, 81 paroisses en bon pays de vin et de seigle, comprenant cependant une assez forte portion de bois et de mauvais terroirs de seigle et d'avoine. Le commerce de l'élection était en blés, bœufs, moutons ; la plus grande partie des vins se consommait sur place, « attendu que leur qualité est grossière et qu'ils ne sont point à portée des rivières navigables » ; petit commerce de chanvre.

(1) D'après un mémoire de la fin du xviii⁰ siècle, adressé sans doute à M. Le Vayer, et que celui-ci envoya ensuite à Paris, il semblerait que la ville de Gannat fût alors en peu brillante situation : les ponts de la route d'Auvergne à Paris, construits en bois, menaçaient ruine ; les pavés de la ville n'existaient plus et les rues étaient impraticables en hiver ; le petit ruisseau d'Andelot avait détruit le chemin de halage en partie ; les boutiques des greffes accolées au Palais ne servaient que de refuge aux gens de mauvaise vie ; le collège était en décadence et la jeunesse de la ville, « qui a un extrême besoin d'instruction, demeure sans écolle et sans maître, dans un libertinage continuel, duquel elle passe ordinairement, dans un aage plus avancé, à un dérèglement incorrigible ». (Arch. nat., G⁷ 408.)

(2) Louis-Charles de Vicq de Pontgibaud avait épousé, en 1681, Jeanne de Doyat, dont il eut deux enfants : Jean-Louis, gentilhomme de la grande vénerie du roi, et Catherine, mariée à Jean-Claude Baron, s. du Méage, enseigne aux gardes françaises.

(3) François Choisy, notaire royal et procureur en la châtellenie de Vichy, fut installé dans l'office de maire perpétuel de cette ville le 19 octobre 1694. (Arch. commun. de Vichy, BB. 3.) Il mourut le 14 septembre 1709.

(4) Jean-Joseph de Luzène, précédemment lieutenant général au bailliage et duché-pairie de Randan. Il épousa, en 1682, Amable Gravier et en eut un fils marié à Elisabeth Trochereau.

sel créé en 1694. Il y a aussi le sieur Maréchal, curé de la ville, qui est homme de mérite et qui prêche bien. Le couvent des religieux célestins de cette ville est très considérable et beau. Le peuple se sent de la fréquentation des gens de qualité qui viennent aux eaux ; il est assez poli et peut être composé de 700 personnes et de 190 feux. Les environs de Vichy, jusqu'à Cusset, sont un des plus agréables et des plus fertiles pays qui soient en France.

Billy est une petite ville dont les murailles tombent en ruines et qui n'est peuplée que de pauvres, dont la plupart vivent des aumônes de ceux qui passent pour aller à Vichy. Il n'y a que 200 personnes et 68 feux. Le juge châtelain (1) et le procureur du Roi sont dans l'ignorance et la pauvreté.

Varennes est une petite ville ruinée par les grands passages des gens de guerre qui ont fait déserter la plupart de ses habitants. Il y a néanmoins un juge (2), un procureur du Roi, qui ont un peu de bien, et quelques autres que les privilèges ont soutenus aux dépens des autres. Cette ville peut avoir 400 personnes et 86 feux.

Verneuil n'est pas considérable, si ce n'est par un chapitre composé d'un doyen et de onze chanoines.

Il y a une châtellenie royale (3), un maire de ville et un procureur du Roi du fait commun. Il y a 300 personnes et 58 feux.

Le Veurdre n'est presque rien ; elle est située sur l'Allier et il y a un bac pour y aller de Saint-Pierre-le-Moûtier, et

---

(1) Claude Doultre, s. de la Garenne.

(2) Jean-François Burelle, s. de la Feuillouse. Cf. Aubert de la Faige et R. de la Boutresse, *Les fiefs du Bourbonnais, la Palisse*, Paris, 1896, gr. in-8° (notamment p. 276, 298, 362).

(3) Jacques Raffier, châtelain.

c'est la route ordinaire de ceux qui vont aux eaux de Bourbon. Il n'y a que 160 personnes et 48 feux (1).

Jaligny est de même qualité et de même force ou à peu près ; il y a 160 personnes et 40 feux.

La Palisse, appartenant autrefois à M. le comte de Saint-Géran, est une petite ville considérable par ses foires et marchés, par le voisinage du Forez et le passage de la route de Paris à Lyon. Il n'y a qu'une justice (2) du seigneur et l'on y voit son château qui est antique et bien bâti. Il y a 450 personnes et 136 feux.

Hérisson est une petite ville assez jolie, bien fermée de murs et commandée par un vieux château qui a été tout démoli, arrosée de la petite rivière d'Œil. Il y a une châtellenie composée d'un juge, son lieutenant et un procureur du Roi ; il y a un maire et un procureur du Roi de ville.

(1) Il y avait au Veurdre une petite justice portant le nom de « bailliage du Veurdre, Château, Mornay... et autres lieux ». Au bailli Jean Lemaire, décédé à Pouzy en 1695, avait succédé André Levesque, sieur des Bardoux, époux de Madeleine Litaud, qui mourut en 1713 ; Jean Turchy, notaire royal, est lieutenant au bailliage en 1691 et 1709 ; Gilbert Turchy est procureur d'office en 1703. (Arch. communales du Veurdre, GG. 20, 21 et 22.)

Par lettres patentes du mois de juillet 1699, Louis XIV, sur l'instance de Mansart, qui avait le comté de Sagonne dont dépendait le Veurdre, y rétablit les foires organisées en 1632, à la suite de lettres de Louis XIII ; ces foires se tenaient le lundi après la Saint-Luc et les trois jours suivants, la veille des Rois, le jour de la Saint-Mathias (24 février), le 30 avril, le 2 juillet et le 6 décembre ; il y avait, en outre, marché le jeudi de chaque semaine. Les habitants eux-mêmes avaient sollicité le rétablissement de ces foires, arguant de leur « extrême pauvreté à cause du peu de commerce qu'il y a, quoyque le lieu par sa situation y soit très propre, estant au passage de Bourbon, sur le bord de la rivière d'Allier, par laquelle on peut aisément avoir des marchandises d'Orléans et d'ailleurs ». (Arch. de l'Allier, B. 747, fol. 43.)

(2) La justice était également appelée bailliage.

Le juge, le sieur L'Huillier, est riche et honnête homme ;
le maire, nommé Ravet, est un homme dangereux, intéressé et pauvre, et qui n'a pris cet emploi que pour gagner ;
le procureur du Roi est peu considéré et a très peu de
mérite. Il y a un chapitre considérable, composé d'un doyen
et de onze chanoines (1) dont les prébendes peuvent valoir
200 livres. Il y a 558 personnes et 167 feux.

Montmarault est une petite ville ruinée par les passages
fréquents des troupes qui passent de Moulins à Montluçon.
Il y a une châtellenie royale (2), un jeune lieutenant (3) et
le procureur du Roi, nommé Bigot (4), qui n'est pas riche
mais très honnête homme ; il n'y a que des consuls et point
de maire. Cependant, il y a 450 personnes et 137 feux.

Gouzon n'est qu'un petit bourg fermé ; grand passage
de troupes. Il y a un juge châtelain et un procureur du Roi
et des consuls seulement ; il n'y a que 110 personnes et 33
feux (5).

(1) Le doyen était alors Claude de Villelume ; parmi les chanoines :
Jean Demay, Jean Courtoys, Jean Boulandon, François de La Mousse,
Jean Fumat, etc. (Arch. de l'Allier.)

(2) Officiellement, le siège de la châtellenie était à Murat, ville distante
de Montmarault de deux lieues environ ; mais Montmarault n'avait pas
tardé à prendre le pas sur la petite ville de Murat, qui décroissait de
plus en plus et dont le château n'était déjà que ruines au XVIIᵉ siècle.
Les audiences se tenaient à Montmarault.

(3) Daniel Chacaton, s. de Virlobier.

(4) Jean Bigot, s. de Jonzais.

(5) En juin 1661, six foires annuelles avaient été établies par lettres
patentes délivrées à la requête de Toussaint d'Oyron, baron de Gouzon.
La ville y était dite « située en bon pays fertile et abondant en grains,
bestiaux et autres commodités, et sur le passage de trois rivières... »
traversées par des ponts que l'on venait chercher de plus de trois
lieues. Les foires créées devaient avoir lieu le 9 mai, le premier lundi
de juin, le premier lundi de juillet, le premier lundi d'août, le 9 septembre et le premier lundi d'octobre. (Arch. de l'Allier, B. 744, fol. 48.)

Huriel est une très petite ville dont la justice et seigneurie appartient à M. de Bartillat, lieutenant-général des armées du Roi (1) ; il y a 260 personnes et 68 feux.

Villefranche est une autre petite ville et lieu de passage des troupes ; elle contient 370 personnes et 86 feux.

Le Montet-aux-Moines est de même côté, entre Moulins et Montmarault, et lieu de grand passage des troupes. C'est une petite ville dont les maisons sont entièrement abandonnées et ruinées, et il n'y a presque plus que le prieuré qui soit en état ; aussi il n'y a plus que 107 personnes et 31 feux.

Total des âmes ou des personnes des dites villes du Bourbonnais : 22.067 ; total des feux : 6.052.

Villes du Nivernais

Dans le Nivernais on compte sept villes : Nevers, Saint-Pierre-le-Moûtier, Decize, Moulins-Engilbert, Saint-Saulge, Luzy et Prémery.

Nevers est la capitale de la province, située en forme d'amphithéâtre sur les bords de la rivière de Loire qui passe sous ses ponts (2) d'une très grande longueur et au bout desquels il y a une levée fort large et fort longue qui rend l'abord de cette ville du côté de Moulins très magnifique. Les rues en sont fort étroites et le terrain fort inégal, mais il y a une

(1) La justice était tenue pour M. de Bartillat par Antoine Berthet, avocat en parlement.

(2) Sur les ponts de la Loire et de la Nièvre à Nevers, voir Parmentier, *Archives de Nevers*, Paris, 1842, t. II, p. 94 et suiv. Celui de la Nièvre et l'un des ponts de la Loire appelé *pont de l'Official* avaient été reconstruits en pierre en 1670.

fort belle église cathédrale dédiée à saint Cyr, quoiqu'elle fût autrefois sous l'invocation de saint Gervais et de saint Protais.

Le siège épiscopal est établi dans cette ville; il y a un gros chapitre et deux abbayes, savoir l'abbaye de Saint-Martin de chanoines réguliers de Saint-Augustin (1), l'abbaye de Notre-Dame de filles religieuses ordre de Saint-Benoît (2); le prieuré conventuel de Saint-Étienne, ordre de Cluny, et le prieuré conventuel de Saint-Sauveur, du même ordre, uni au grand prieuré de Cluny; le couvent des récollets qui ont succédé aux cordeliers qui y étaient autrefois (3); ceux des capucins, carmes, minimes, jacobins (4); ceux des religieuses ursulines de la ville et des faubourgs (5); les

(1) Sur l'origine très ancienne du monastère primitif de Saint-Martin, voir A. Séry, *L'Abbaye de Saint-Martin de Nevers*, Nevers, 1901, in-8°.

(2) Fondée au VIIe siècle. En 1698, l'abbesse était Marie-Louise Andrault de Langeron, qui gouverna le monastère jusqu'en 1704. Les bénédictines avaient avec elles des pensionnaires de deux sortes, jeunes filles dont elles faisaient l'éducation et dames d'un âge plus mûr qui fuyaient au couvent les tracas du monde. Un événement troubla leur paix en 1698 : des jeunes gens de bonne famille tentèrent une nuit l'escalade du pensionnat et l'affaire eût peut-être pris de plus amples proportions, si deux d'entre eux n'eussent été parents de religieuses de la maison, et la plainte portée au présidial de Saint-Pierre n'eut pas de suite. (Arch. de la Nièvre, B. 91. — A. Séry, *Abbaye des religieuses bénédictines de N.-D. de Nevers*, dans le *Bull. de la Soc. nivernaise*, 1901 et 1902.) En novembre 1704, une religieuse de Saint-Menoux, Marie-Charlotte de Lévis, succéda à Madame de Langeron.

(3) Les cordeliers avaient été installés à Nevers au XIIIe siècle. Les récollets s'y établirent en 1592.

(4) Pour tous ces ordres, voir Mgr Crosnier, *Les Congrégations religieuses dans le diocèse de Nevers*, Nevers, 1881.

(5) Les ursulines furent installées à Nevers par une délibération des officiers municipaux du 21 septembre 1621, à la suite de laquelle deux échevins se transportèrent à Moulins et y passèrent un acte par devant notaire, le 11 mai suivant, avec Marie de Sainte-Croix, supérieure des ursulines de cette ville, acte par lequel plusieurs religieuses seraient envoyées à Nevers pour se consacrer à l'instruction des filles. Quatre religieuses partirent en effet au mois d'août 1622. En 1728, le nombre des ursulines était de trente-trois dans la ville et de quarante au faubourg de Vallière.

carmélites (1), les filles de Sainte-Marie de la Visitation (2), et, outre cela, il y a un collège tenu par les pères jésuites, une maison de prêtres de l'Oratoire (3) qui ont la direction du séminaire de M. l'évêque; un hôpital général (4) et un hôtel-Dieu. Il y a aussi onze paroisses ou cures.

Quant aux officiers de justice, il y a le bailliage et pairie (5), les sièges de l'élection, des eaux et forêts, de la chambre du domaine des ducs de Nevers, des officiers du grenier à sel, de la maréchaussée, le corps de ville composé

(1) Établies à Nevers en 1619 grâce à l'initiative de Jacquette Leroux, de Nevers, veuve de M. Gascoing, qui prit elle-même l'habit au nouveau Carmel. L'église du monastère ne fut longtemps qu'une simple salle; en avril 1665, la comtesse d'Apremont posa la première pierre d'un plus vaste édifice qui ne fut consacré qu'en 1686. D'après l'état officiel dressé en 1728, il semblerait qu'elles eussent été assez pauvres : « Cette communauté n'a aucun bien en fonds de terre ; elle ne subsiste que par des charitez et le travail de leurs mains... ». (Arch. de l'Allier, C. 121.)

(2) Fondées en 1620. Voir les circonstances de cet établissement dans l'ouvrage de Mgr Crosnier, p. 84-85 ; la première supérieure devait être la mère de Bréchard, déjà supérieure des visitandines de Moulins, et que devait remplacer en cette ville sœur Pauline-Hiéronime de Montoux. Mais les habitants de Moulins protestèrent par la voix de leur gouverneur, le maréchal de Saint-Géran, et ce fut la mère de Montoux qui fut chargée par saint François de Sales d'installer et de diriger les premières visitandines de Nevers. D'après un procès-verbal de visite, il y avait, en 1722, trente-neuf professes de voile noir, quatre sœurs domestiques et deux tourières, plus une dizaine de pensionnaires. (Arch. de l'Allier, C. 122.)

(3) Fondé en 1618, sous l'épiscopat de M. Du Lys, évêque de Nevers de 1606 à 1643. C'est sous l'évêque Vallot que fut confiée aux oratoriens la direction du séminaire. (Cf. J. Savelon, *Essai historique sur l'Oratoire de Nevers*, dans le *Bull. de la Soc. nivernaise*, 1893, p. 274 et suiv.)

(4) L'hôpital général fut établi par lettres de Louis XIV de juin 1665.

(5) Voir P. Meunier, *Le bailliage ducal de Nevers*, dans le *Bull. de la Soc. nivernaise*, t. xv, p. 494 et suiv. Sur les conflits entre la justice royale et la justice du duc de Nevers, cf. Guy Coquille, *Mémoire de ce qui est à faire pour le bien du pays de Nivernois...* (*Œuvres*, éd. de 1665, t. 1, p. 315.)

d'un maire (1), des échevins, assesseurs, conseillers de ville (2), procureur du Roi du fait commun, contrôleurs et receveurs des deniers patrimoniaux, receveurs des octrois. Il y a dans cette ville 8,000 âmes et 1,800 feux (3).

Les officiers et les personnes qualifiées n'ont pas les manières si ouvertes et si aisées qu'à Moulins ; ils vivent plus serrés et il y a moins de faste, mais aussi les habitants y sont bien plus habiles, industrieux et plus riches ; la plupart s'adonnent au commerce du fer et à celui de la faïencerie [qui] seul occupe cinq ou six cents personnes qui travaillent sans cesse ; l'esprit du peuple est plus dur et moins endurant (4) que celui de Moulins ; l'aise et la commodité peut y contribuer, ou bien parce qu'il n'y a point dans cette ville de séjour ordinaire de l'intendant de la province

(1) Sur les maires et les échevins de Nevers, ces derniers au nombre de quatre, voir Parmentier, *op. cit.*, t. I, p. 25 et suiv. On y trouvera notamment une liste de ces officiers ; au t. II, p. 256, cérémonie de l'installation de Pierre Arvillon de Sozay, maire perpétuel (sept. 1693).

(2) Voir également Parmentier, *op. cit.*, t. I, p. 95. M. Le Vayer venait de rendre, le 3 juin 1697, une ordonnance réglant, à la procession de la Fête-Dieu, la place respective des conseillers et du receveur de ville.

(3) Le subdélégué Ignace Marion avait, en 1695, fait le dénombrement de la ville et donné comme chiffres 7,929 personnes et 1,780 feux. (Parmentier, *op. cit.*, t. I, p. 303.) Il fournit ses chiffres à l'intendant qui les arrondit.

(4) Le sieur Coquelin, lieutenant de maire, disait des Nivernais, en 1705, à la suite d'une sédition arrivée à Nevers le jour de la Fête-Dieu et causée par l'imprudence de deux sergents du régiment de Mirabeau qui voulaient s'emparer de force d'un jeune paysan et le faire servir comme soldat pour la ville de Nevers : « Je connais les peuples de la province ; ils sont très soumis et très lâches quand on les corrige sévèrement ; mais il n'y en a point dans le royaume de plus insolents et de plus malins, quand on tolère leurs écarts. » Il faut dire que, dans l'échauffourée, Coquelin, déjà détesté pour sa dureté, avait été poursuivi à coups de pierres et obligé de se réfugier dans une maison, ayant perdu son épée, sa canne et son chapeau. L'intendant, Gilles d'Ableiges, qui cite la lettre, ajoute à ce propos que le peuple de Nevers est « fort grossier ». (Boislisle, *Corr. des contr. gén.*, t. II, p. 260.)

et que, d'ailleurs, comme M. le duc de Nevers en est seigneur propriétaire, les peuples s'imaginent être plus libres
et plus indépendants de l'autorité royale que partout
ailleurs. Les environs de cette ville sont fort beaux et très
fertiles. Il y a une promenade publique qu'on appelle le
Parc qui est assez belle ; mais, ce qu'il y a de plus beau
dans Nevers est l'ancien château et la place ducale qui est
au-devant la cour du dit château, et dont les maisons,
bâties avec symétrie, font l'aspect très agréable.

Saint-Pierre-le-Moûtier est une petite ville à sept lieues
de Moulins, sur le grand chemin de Paris à Lyon, assez
bien bâtie au pied néanmoins de la chaussée d'un étang
qui la rend malsaine ; et, quoiqu'elle soit environnée de tous
côtés et enclavée dans le Nivernais, elle n'en fait pas néanmoins partie : c'est une ville royale.

On prétend qu'autrefois elle faisait partie du duché de
Nivernais, et qu'en l'année 1165, sous le règne du roi
Louis VII dit le Jeune, comme le prieur de Saint-Pierre-
le-Moûtier se voyait opprimé de tous côtés par la puissance
et l'autorité des comtes de Nevers et autres seigneurs des
provinces voisines, il ne put trouver de meilleur moyen
pour s'en garantir que de partager, du consentement de
l'abbé de Saint-Martin d'Autun (dont le prieuré dépend),
la justice et prévôté qui lui appartient sur la dite ville et
sur quelques paroisses voisines, ce qui fut exécuté ; et, par
l'association, le roi eut en partage la justice sur toute la
ville, à la réserve de la maison et enclos du prieuré qui
demeurent toujours sous la justice et prévôté du prieur,
aussi bien que les hameaux des paroisses qui en dépendent
et qui étaient hors de la ville, moyennant quoi le Roi lui
promit toute assistance et sauvegarde, et, à cet effet, des
lettres-patentes furent expédiées. Dans la suite des temps,
ayant plu au roi saint Louis de rendre sédentaires les baillis

et sénéchaux (qui étaient d'abord de notables personnes que les rois ses prédécesseurs envoyaient dans les provinces pour ouïr les plaintes de leurs sujets demeurant dans les duches et comtés appartenant aux seigneurs particuliers qui les avaient presque tous en particulière propriété, parce qu'alors les rois n'avaient presque point de domaine), il établit quatre bailliages sédentaires, savoir : à Sens, Mâcon, Laon et la quatrième à Saint-Pierre-le-Moûtier, auquel on attribua la connaissance des cas royaux et le ressort des pays d'Auvergne, Berry, Bourbonnais et Nivernais, et on laissa celle des cas de justice ordinaire aux juges ordinaires de cette étendue de juridiction. Quelques-uns ont voulu inférer que la ville de Saint-Pierre-le-Moûtier, étant le siège principal d'où ressortissent toutes ces provinces, était donc une province et un territoire séparé ; mais, comme le remarque fort bien M. Guy Coquille, dans son histoire du Nivernais (1), le mot de bailliage ne signifie point territoire certain ou province et n'attribue point au bailli la supériorité pure et simple et indéfinie dans des lieux dont les causes lui sont adressées. Il faut convenir qu'une simple prévôté dans son origine n'a pu faire une province à part ; cela est si vrai, que le bailliage de la ville de Saint-Pierre-le-Moûtier se régit par la coutume du Nivernais [et] qu'il y est enclavé de toutes parts ; aussi, le mot de bailliage ne signifie seulement que la différence de juridiction des cas royaux d'avec ceux de la justice ordinaire.

Depuis l'établissement de cet ancien bailliage, il a plu au roi Henri II d'y établir, en 1551, un présidial, dont il sera parlé ci-après. Il y a encore un siège d'officiers du grenier à sel, un maire (2) et un procureur du Roi du fait

---

(1) *Œuvres*, éd. de 1665, t. I, p. 508.

(2) La mairie de Saint-Pierre-le-Moûtier était érigée en titre d'office. M. Jean de La Fond était alors maire perpétuel ; il avait épousé Jeanne Alixand, fille de Pierre Alixand, s. de Vasselange, et d'Anne David.

commun. Il y a, outre le dit prieuré de bénédictins, un couvent d'augustins et un couvent de religieuses ursulines. Les habitants sont au nombre de 1,500 et 430 feux.

Decize est une petite ville située dans le lieu le plus agréable de la généralité, dans une île environnée de la rivière de Loire. Il y a un ancien et beau château appartenant à M. le duc de Nevers, un prieuré qu'on appelle de Saint-Pierre, un couvent de pères minimes, un de religieuses de Sainte-Claire. Il y a une justice ordinaire de M. le duc de Nevers, un maire et des échevins. Cette ville est un très grand passage pour le Morvant et la Bourgogne. Il y a un pont d'une très grande longueur qui était tout de pierre, dont une partie est tombée, et les ruines des piles servent à soutenir un pont de bois qui s'est fait et s'entretient aux dépens de la ville, dont les deniers d'octroi montent à 7,000 livres par an, qui se consomment souvent assez mal à propos. Le nombre des personnes est de 500 et 150 feux.

Moulins-Engilbert, du côté du Morvant et à deux lieues de Châtel-Chinon, a une église paroissiale dans laquelle il y a un collège de chanoines. Il y a un couvent de religieux [de] Picpus et un de religieuses ursulines. Il y a le juge ordinaire de M. le duc de Nevers, un grenier à sel, un maire, un procureur du Roi du fait commun et des consuls qui font les fonctions d'échevins. Cette petite ville est peuplée et assise dans un bon fond; les habitants sont laborieux et il y a 600 âmes et 290 feux.

Saint-Saulge. Il y a une châtellenie ducale, un grenier à sel et officiers, un maire, un procureur du Roi du fait commun. Les habitants de ce pays ont été toujours réputés fort simples, et leurs voisins en font une infinité de contes pour rire. Il y a 600 âmes et 260 feux.

Prémery est une ville dont M. l'évêque de Nevers est seigneur. Il y a un beau château (1), une église paroissiale [consacrée à] saint Marceau, un collège de chanoines. Elle est assez peuplée, on y compte 567 âmes et 176 feux.

Luzy est une très petite ville sur les confins de la Bourgogne. Il y a le juge ordinaire de M. le duc de Nevers, un maire (2), un procureur du Roi et des consuls. Il y a 300 âmes et 80 feux.

Châtel-Chinon est la capitale du Morvant. Elle est située sur la pointe d'une haute montagne d'un accès assez difficile. MM. les princes de Soissons et de Carignan (3) en sont seigneurs ; ils y ont leur bailli, avocats et procureurs fiscaux. Il y a un siège d'élection, un petit grenier à sel, une maréchaussée, un procureur du fait commun en titre, mais la charge de maire n'a point été levée.

Cette ville est entourée de montagnes de tous côtés et la plupart couvertes de bois ; entre autres il y en a une beaucoup plus élevée que la ville et dans le voisinage, au sommet de

(1) Jacques Spifame, ancien évêque de Nevers, puis disciple de Calvin (il abjura à Genève en 1559), aurait apporté d'importantes modifications tant au château qu'à l'église de Prémery, si l'on en croit de curieuses petites notes écrites en 1669, sur les feuillets de garde d'un exemplaire de l'*Histoire du Nivernois* de Guy Coquille, par Marguerite Spifame, dame douairière d'Aunay. (*Bull. de la Soc. nivernaise des sciences...*, t. IV, p. 263-267.)

(2) Voy. une lettre de M. Le Vayer du 2 mars 1698 ayant trait à une plainte des habitants de Luzy contre leur maire qui avait fait établir, en 1694, un droit d'octroi sur l'entrée du vin et son débit au détail. (Boislisle, *Corr. des contr. gén.*, t. I, p. 472.)

(3) Louis-Thomas de Savoie, comte de Soissons, colonel du régiment de Soissons, qui mourut en 1702 des blessures reçues devant Landau. Emmanuel-Philibert-Amédée de Savoie, prince de Carignan, mort en 1709.

Le ms. Philipps ajoute que Château-Chinon fut vendu, en 1719, à M. de Mascrany, maître des requêtes honoraire, ancien président au Grand Conseil.

laquelle on voit encore des anciennes masures et des vestiges de bâtiments qu'on prétend être de Jules César, et dont on dit qu'il se servait pour le chenil de ses chiens, d'où vient qu'on appelle la ville Châtel-Chinon comme qui dirait *castellum canum* (1). Il y a effectivement de ce côté-là beaucoup de vestiges de la puissance romaine et de grands chemins pavés qu'on attribue à Jules César. M. Guy Coquille prétend même que la plupart des noms des paroisses du Nivernais, dont il fait une longue énumération, sont tous mots de latin corrompu, par exemple : *Corbigny* est comme qui dirait *villa Corbinii*; *Dornecy, Dornitii*; *Aubigny, Albinii*, etc.

Les habitants de cette ville sont industrieux et polis. Ils commercent beaucoup parce que leur pays ne leur fournit point de meilleures ressources ; il y avait autrefois une manufacture excellente de draps de laine, mais l'extrême pauvreté des entrepreneurs et la cherté des laines a presque anéanti cette manufacture qu'il faudra tâcher de rétablir. Il y avait cinq ou six maisons de huguenots dont une partie s'est dissipée ou véritablement convertie : il faut veiller au reste. Les personnes de cette ville montent à 1.500 et les feux à 430.

On ne parle pas ici des petites villes de Corbigny, Donzy, Druy, Entrain, Saint-Sauveur, Tannay, Dornecy, Champlemy, Amazy, Asnoy, Corvol, Billy (2), Etais, qui sont de la province de Nivernais, mais qui font aujourd'hui partie des généralités d'Orléans et du Berry.

Total des âmes des dites villes du Nivernais : 13.657 ; total des feux : 3.616.

(1) Comme le dit l'intendant quelques lignes plus bas, Château-Chinon vient bien du « latin corrompu », mais le mot *canis* n'y est pour rien. Chinon n'est autre chose que le gentilice *canius*, devenu plus tard *canio, canionis*. Ce gentilice a donné la forme française Chinon, tout comme *Avenio-onis*, a donné Avignon, et *Divio-onis*, Dijon.

(2) Billy-sur-Oisy, Nièvre, cant. de Clamecy ; châtellenie réunie à la fin du xviie siècle à celle de Corvol-l'Orgueilleux.

Villes de la Haute Marche

Dans la Haute Marche il y a huit villes, peu considérables.

Guéret (1) est la capitale. Il y a un bailliage, sénéchaussée et siège présidial dont le ressort s'étend dans la Haute et Basse Marche ; il y a prévôté royale ou châtellenie, siège d'élection, maitrise des eaux et forêts (2), bureau des dépôts ou traites foraines, une vice-sénéchaussée, une paroisse avec un curé et des prêtres communalistes, un couvent de récollets (3) et un couvent de religieuses augustines (4).

(1) Voir l'étude de M. F. Villard, *Notes sur Guéret au XVIIIe siècle*, avec une introduction rétrospective (*Mém. de la Soc. des sciences nat. et archéol. de la Creuse*, 1897 et années suivantes), et A. Fillioux, *Guéret dans les temps anciens et au moyen âge ; plan de cette ville levé vers la fin du XVIIe siècle* (*ibid.*, 1861, p. 347-353).

(2) Le siège de cette maitrise fut d'abord établi à Aubusson, puis transféré à Guéret au milieu du xvie siècle. Sa juridiction s'étendit sur la Haute et sur la Basse Marche, jusqu'en 1723 ; à cette date fut créée à Bellac une maitrise particulière. (F. Villard. *op. cit.*) Le maitre particulier était, en 1676, Olivier Tournyol, s. de la Faye ; en 1702, Gabriel Tournyol, s. de Saint-Léger (*ibid.*).

(3) Autorisés à s'installer par une assemblée générale des habitants de Guéret de décembre 1615. Ils paraissent, dit M. F. Villard *(op. cit.)*, s'être livrés à l'enseignement, concurremment avec la prédication. En 1699, le couvent comptait sept religieux.

(4) Installés depuis 1667, au nombre de deux d'abord, leur histoire est celle de l'Hôtel-Dieu de Guéret. Voir les *Mémoires du président Chorllon (1635-1685)*, p. p. F. Autorde, Guéret, 1886, in-16 (p. 50 et 51). En 1728, elles étaient vingt-deux ; leurs revenus montaient à 1.182 l. et leurs charges réelles à 630 l., suivant un état dressé cette année-là par le subdélégué Couturier de Fournoue. Ce faible écart ne leur suffisait point, et la prieure écrivait le 28 juin à Gilles Brunet d'Evry, intendant de la généralité : « J'ai donné par votre ordre à Mon^r de Fournoüe, votre subdélégué, un état des soldats malades que nous avons gardés dans nôtre hôtel-Dieu ; je prens la liberté de vous demander toujours l'honneur de vôtre protection et vos bontés pour nôtre communauté, vous avouant, Monseigneur, que nous n'attendons et n'espérons de sou-

Cette ville ne contient que 2.300 personnes et 540 feux (1). Elle est située entre des montagnes et dans un fond si peu agréable qu'il est surprenant que tant de personnes aient pu se résoudre d'y demeurer ; leurs visages aussi sont tous plombés, leur humeur est noire et sauvage et l'ennui et la discorde les y rongent continuellement ; ils sont d'ailleurs fort industrieux et grands ménagers (2).

lagement que de votre seule charité dans la cruelle situation où nous sommes depourveüe *(sic)* de tout, et si malheureuses que la plus part du tems le pain nous manque ; si la Cour, Monseigneur, ne veut avoir égard au malheur que nous avons d'avoir perdu tout notre bien par les billets de banque, nous ne serons plus en état de servir les pauvres malades et nomément les soldats qui occupent une partie de nôtre communauté, par le grand nombre que nous en avons ; toutes nos représentations ont été jusques à présent inutiles. Monseigneur, je me jette à vos pieds, j'ai confiance à vos bontés et à vôtre rare piété et vous suplie d'avoir compassion de notre situation triste. Nous redoubleront *(sic)* nos vœux pour la conservation de vôtre Grandeur et pour luy obtenir une santé parfaite... » (Arch. de l'Allier, C. 114.)

(1) « ... La ville n'est composée que d'officiers, de quelques gentils-hommes et d'un très petit nombre d'artisans. » (Lettre de l'intendant d'Ableiges du 10 juin 1705. Arch. nat. G⁷ 409.)

(2) Note du subdélégué Couturier de Fournoue :

« Ces mémoires furent faits par M. Le Vayer la première année de son intendance et il était lors mal informé sur l'article de Guéret, car la situation de cette ville est éloignée de demi-lieue de la montagne. Il est vrai qu'elle est au bas d'une colline, mais elle en tire deux avantages : l'un, qu'elle est à couvert des vents d'occident et de midi, l'autre que la colline lui fournit plusieurs sources d'eau excellente, dont on a tiré plusieurs fontaines publiques au bout de chaque rue et dans plusieurs maisons particulières. Du côté de l'orient et du nord, la ville de Guéret aboutit à une plaine garnie de prairies et bien cultivée de deux lieues de largeur et de plus de dix lieues de longueur. Il y a des bosquets et petites éminences jusqu'à la rivière de Creuse, qui font une vue de ce côté tout à fait charmante jusques à sept ou huit lieues. La ville est d'ailleurs bien bâtie et bien percée ; il y a huit rues qui aboutissent à une place ornée d'une belle fontaine devant la porte du palais de la justice, qui est beau et bien orné pour un présidial. M. Le Vayer n'était pas mieux informé sur les qualités des habitants de cette ville, et on peut assurer que, pour en faire le portrait au naturel, il faut prendre le contre-pied de ce qui est écrit, car ils ne sont ni sombres ni sau-

Aubusson (1) est une ville plus grande que Guéret, mais cependant elle n'est pas aussi peuplée. Il en est sorti 200 religionnaires et le mauvais état des manufactures de tapisserie qui s'y fabriquent a fait sortir beaucoup d'ouvriers à cause de leur pauvreté.

Il y a dans ce lieu un chapitre (2) avec un trésorier et

vages ; tout au contraire, ils passent pour avoir de l'esprit et de la politesse plus que les peuples voisins. Ce qu'on dit de leur grand ménage n'est pas mieux fondé. Pour la discorde, elle se fourre partout, mais elle ne règne ici que comme ailleurs ; il peut y avoir des jalousies secrètes et dissimulées. » (Copie moderne conservée aux Arch. de la Creuse, C. 339.)

(1) Voy., d'une façon générale, C. Pérathon, *Histoire d'Aubusson, la vicomté, la ville, les tapisseries, la maison d'Aubusson*, Limoges, 1886, in-8°, iv-487 p. et 6 pl.

Sur la manufacture, du même : *Origines de la manufacture de tapisseries d'Aubusson*, dans *Congrès scientifique de '» France*, Limoges, 1859-1860, t. 1, p. 666. — M. Pérathon a, en or:·· ., donné (*Mém. de la Soc. des sciences nat. et archéol. de la Creuse*, 1883, p. 81) des listes de maîtres peintres et de maîtres tapissiers d'Aubusson ; nous y relevons, pour notre période, Jean Bellat, dit Blondeau, 1699 ; Gabriel Boffinet, 1698 ; Pierre Bussière, 1700 ; Jean Charrière, Etienne Galland, Jean Mailhat, Michel Queyrat, 1698 ; etc. — Voir également, *ibid.*, 1883, p. 151-166, du même auteur : *Une famille de peintres d'Aubusson* (les Finet) ; — et *ibid.*, 1890, p. 218-246, *Notes sur quelques artistes aubussonnais* (Jean Barraband, mort en 1679, etc.).

Après la révocation de l'édit de Nantes, en 1685, les tapissiers d'Aubusson émigrèrent à Clèves notamment, à Berlin, à Schwabach. Cf. A. Leroux, *Histoire de la réforme dans la Marche et le Limousin*, Limoges, 1888.

Un mémoire établi à Paris, en 1752, sur cette manufacture par Hulst, membre de l'académie de peinture, signale la décadence de la manufacture, depuis la mort de Colbert jusqu'à l'époque où M. de Vanolles devint intendant de la généralité de Moulins et se préoccupa du sort de « ce peuple d'ouvriers qu'il représenta au nombre de plus de quatre mille, confiné dans un canton tout à fait inculte et n'aiant d'autre ressource pour subsister... » Ce mémoire fait partie d'une suite de projets dressés à la même époque pour renouveler et rajeunir les manufactures de Felletin et d'Aubusson. (Arch. nat. F¹², 1458.)

(2) Par arrêt du Conseil du 28 avril 1673, le chapitre du Moutier-Rozeille (dans le canton actuel de Felletin), fort éprouvé pendant les guerres de religion, fut transféré en la ville d'Aubusson ; il se composait d'un prévôt, de douze prébendés, de quatorze demi-prébendés et d'un

des chanoines, un curé, un juge châtelain royal, un maire (1),
des consuls, avec un procureur du Roi du fait commun.
La situation du lieu en est encore plus fâcheuse que celle
de Guéret ; elle est au pied et entre des montagnes affreuses ; à peine y voit-on le soleil et les habitants semblent
plutôt être des condamnés aux mines que des hommes
libres ; ils ont cependant l'esprit subtil, inquiet, leur parler est d'un accent languedocien ; querelleurs, ennemis
implacables. Il y a encore 150 nouveaux et mal convertis
auxquels il faut veiller exactement (2). Tous les habitants
sont au nombre de 2.100 et 547 feux (3).

vicaire de chœur. L'installation n'eut lieu qu'en 1674, par suite de
résistances des chanoines eux-mêmes, et il fallut que le subdélégué de
l'intendant de Moulins, le sieur de Croissat, vînt lui-même fermer leur
maison de Rozeille. Cf. C. Pérathon, *Notre-Dame du château d'Aubusson*, dans les *Mém. de la Soc. des sciences nat. et archéol. de la Creuse*,
1881, p. 444-460. — Jean de Cessac, *Eglise collégiale de Moutier-Rau-
seille*, ibid., p. 422-442.

(1) Voir par M. C. Pérathon (*Mém. de la Soc. des sciences nat. et
archéol. de la Creuse*, 1893, p. 24 et suiv.), le récit d'un conflit de juridiction et de préséance entre le maire et le juge châtelain, réglé en
1698, par arrêt du Conseil, après une longue procédure (l'affaire durait
depuis 1693), au cours de laquelle l'intendant de la généralité dut fréquemment intervenir. Le maire était alors Antoine Garreau, s. de la
Seiglière, d'une famille enrichie dans le commerce des tapisseries.

(2) Plus d'un sixième des habitants, écrivait notre intendant à Pontchartrain en avril 1699, sont nouveaux convertis et font mal leur devoir,
faute d'instruction. Le proportion qu'il donne dans son mémoire, de
date contemporaine, est beaucoup moins forte. En juin 1699, il proposa
d'envoyer à Aubusson une mission qui serait confiée aux jésuites de
Limoges. (Arch. nat. G⁷ 408.)

(3) Une histoire de la Marche préparée entre 1650 et 1658 par Pierre
Robert, du Dorat, et dont des extraits ont été publiés par M. A. Leroux dans la Société des sciences de la Creuse (*Mém.*, 1891, p. 161-
182), dit qu'Aubusson est « une assez grande ville bien peuplée où se
voyent près de 2.000 artisans ». Malgré la dépopulation occasionnée
dans cette ville par la révocation de l'édit de Nantes, on serait surpris
d'un pareil écart à cinquante ans de distance, si l'on n'avait l'habitude
de cette incertitude et de ces flottements dans les renseignements sta-
tistiques fort vagues des administrations de l'ancien régime.

Feüilletin est une ville plus petite qu'Aubusson de près de la moitié. On y fait de la tapisserie (1) aussi bien qu'à Aubusson. Le séjour en est assez agréable. Il y a un juge châtelain, un procureur du Roi du fait commun et des échevins ou consuls. Les habitants y sont également industrieux, querelleurs, chauds et p⸳⸳⸳ ⸳⸳ifs. Il y a 1.389 personnes et 499 feux.

Ahun (2), quoique dans un beau pays et le meilleur de toute la province, est néanmoins dépeuplé. Il n'y a plus aujourd'hui que 369 âmes et 95 feux. Il y a cependant une des meilleures châtellenies royales et des officiers de ville comme ailleurs.

Chénerailles est une très petite ville mais bien fermée de murailles. C'est aussi le siège d'une châtellenie. Elle est dans un assez beau pays. Les habitants sont au nombre de 600 et 170 feux (3).

(1) Le plus ancien document sur cette industrie dans la Haute-Marche est un acte du 16 février 1456, où est mentionné Jacques Bennyn, cabaretier et tapissier de Felletin. (Publié par M. Ant. Thomas dans les *Annales du Midi*, 1890, p. 71.) Il faut attendre 1528 pour trouver mention d'un tapissier d'Aubusson (Jean Furgault). (C. Pérathon, *Les tapissiers rentrayeurs marchois*, dans *Mém. de la Soc. des sciences nat. et archéol. de la Creuse*, 1891, p. 183-208). Un mémoire officiel du XVIIIe siècle (Arch. nat. F[12], 1458) donne un historique de la manufacture en décadence à cette époque (1758). Sur la ville elle-même, voir Abbé L. Pataux, *Felletin, XVIIe et XVIIIe siècles*, Limoges, 1880, in-8°.

(2) Voir un aperçu sommaire établi sur des documents d'archives, intitulé *Contribution à l'histoire d'Ahun*, avec pièces justificatives, par A. Mazet. (*Mém. de la Soc. des sciences nat. et archéol. de la Creuse*, 1891, p. 345-374.)

(3) »... Je dois par avance ce témoignage à la vérité que les habitants de la petite ville de Chéneraille naturellement sont mutins et séditieux; j'eus ordre du Roy, il y a près de trois ans, de faire emprisonner trois des principaux habitans pour des termes insolens dont ils s'estoient servy en parlant de Sa Majesté... » Lettre de M. Le Vayer à Pontchartrain, Moulins, 28 mars 1697. (Arch. nat. G[7], 407.)

Aygurande (1) est partie de cette généralité, partie de celle du Berry. Il y a de ce côté-ci 470 âmes et 130 feux.

Jarnages (2) est peu de chose et mal fermé ; c'est plutôt un bourg qu'une ville. Il y a seulement 320 âmes et 88 feux.

Villes du pays de Combraille

Le pays de Combraille (3), qui est du gouvernement d'Auvergne, contient cinq petites villes.

Evaux est la capitale et siège de l'élection (4). Il y a une justice subalterne, un lieutenant du prévôt de la maré-

(1) Aigurande-sur-Bouzanne, Indre, arr. de la Châtre.

(2) Voir le *Journal d'Antoine Miquel de Laborde, maître chirurgien à Jarnages (1699-1742)*, p. p. E. Martinet, dans les *Mém. de la Soc. des sciences nat. et archéol. de la Creuse*, 1891, p. 151-160.

(3) « Petit pays borné de l'Auvergne, du Bourbonnais et de la Marche, qui consiste en 55 paroisses et cinq châtellenies... Ils ont une élection et recepte à Esvaon... et, pour les aydes, vont à Clairmont-Ferrand. Montaigu-lès-Combraille est une petite ville... Cette seigneurie contient 24 parroisses qui ont toujours esté de l'élection de Guéret, jusqu'à ces années passées que feu Mons. d'Effiat... les en fit distraire et venir à Riom... » (Extrait de l'*Histoire de la Marche*, par Pierre Robert, du Dorat.)

Montaigut faisait partie de la généralité de Riom, malgré les liens qui l'attachaient au Bourbonnais : 8 févr. 1698, mariage de J.-M. Cordier, s. de Montifaut, major de la milice bourgeoise de Moulins, y demeurant, avec Marie Rouher, fille de feu Mathieu Rouher, avocat en Parlement ; 19 mai, baptême de Claudine, fille de Jean Bouquérat, contrôleur d'exploits à Souvigny ; 5 février 1699, mariage de Michel Prugnol, procureur du roi en la maîtrise des eaux et forêts de Montmarault, habitant Bellenaves, avec Anne Berthon, de Montaigut ; 19 décembre 1701, inhumation dans l'église de Pierre Fradel, s. du Lonzat ; etc.

(4) « Délibération des Habitants de la Ville d'Evahon, en date du 28 novembre 1666, à l'effet de s'imposer pour les réparations des murailles et portes de la Ville et défendre l'Etablissement de l'Election que les Villes d'Aubusson et de Montaigu voulaient s'approprier. » (*Bull.-revue de la Soc. d'émulation du Bourbonnais*, 1896, p. 48-50.)

chaussée de Riom, un couvent de chanoines réguliers de Saint-Augustin dont l'église est fort belle, avec une prévôté de justice qui en dépend et le revenu en est très considérable. Le nombre de ses habitants est de 540 âmes et de 180 feux (1).

Auzance, autre petite ville, où il y a justice seigneuriale (2), un maire de ville et des consuls, contient 722 personnes et 180 feux.

Bellegarde, petite ville où il y a une justice et 450 personnes et 120 feux (3).

Crocq n'est que de 300 habitants et 89 feux (4).

Chambon contient 532 âmes et 134 feux.

Total des âmes des villes ci-dessus de Haute Marche et Combraille : 10.092 ; total des feux : 2.815 (5).

Villes du gouvernement d'Auvergne réunies à cette généralité

Cusset est considérable par le nombre de ses habitants, une abbaye de filles religieuses de l'ordre de Saint-Benoît,

(1) 147 feux en 1723, d'après les rôles de la taille. (Arch. de la Creuse, C. 266.)

(2) Le juge châtelain éta.. ... rs Jean Momet, s. des Farges, d'une famille originaire d'Auzance même.

(3) D'après les rôles de la taille, il y avait bien 120 feux en 1700. (Arch. de la Creuse, C. 254.)

(4) 90 feux en 1711. *(Ibid.)*

(5) Une assiette d'impôt sur le pays de Combraille en 1357, publiée par M. Antoine Thomas (*Documents historiques bas-latins, provençaux et français, concernant principalement la Marche et le Limousin, publiés... par A. Leroux, E. Molinier et A. Thomas...*, Limoges, 1885, t. II, p. 26), établit qu'il y avait à cette époque, à Evaux, 180 feux francs et 115 feux serfs et taillables ; à Chambon, 113 feux francs et 80 feux serfs ; à Crocq, 85 feux francs ; à Auzance, 146 feux francs et 4 feux serfs.

un bailliage très considérable ressortissant immédiatement au parlement de Paris, un lieutenant de robe courte (1) avec quatre archers, un corps de ville composé d'un maire (2), procureur du Roi du fait commun. Cette ville est entourée de bons fossés et de très bonnes murailles et serait très forte si elle n'était commandée par les montagnes voisines. Les habitants sont au nombre de 2.169 et 650 feux.

Saint-Pourçain est assez considérable. Il y a une justice subalterne dépendante des prêtres de Saint-Lazare de Paris qui sont seigneurs de la ville par concession du roi Charles le Chauve, un hôtel de ville composé d'un maire (3), procureur du Roi et des échevins ; il y a un prieuré de bénédictins fort ancien (4), dont l'église a été bâtie par Charlemagne sur la fin du viiie siècle. On voit, au portail de leur église, du côté de septentrion, le Roi avec les reines ses femmes et ses enfants en grandes figures de sculpture de demi-relief, et, entre autres, on y voit une reine avec

(1) Jean-Joseph de La Chaise, s. des Garets et d'Usseau, marié d'abord à Marie-Louise de Mars, puis à Marie Badier de Verseille. Il était fils d'Antoine-Claude de La Chaise, lieutenant général du bailliage de Montpensier, et de Péronnelle Revanger.

(2) Christophe Revanger, s. de Champblanc, fils de Gilbert et de Magdeleine Souchon. Il mourut en 1716, sans postérité, laissant ses biens à son neveu Nicolas Revanger, s. de Chassignolle, époux de Jeanne Mareschal de Bompré. Sur ces familles, voir les registres paroissiaux de Barberier et d'Etroussat (Allier, arr. de Gannat, cant. de Chantelle).

(3) Charles de Sainsbut, s. des Vignes.

(4) D'après un abrégé de l'histoire du monastère de Saint-Pourçain, par dom Pierre Laurent, pour le R. P. dom Joseph Mège, écrit en 1674, le « monastère est au milieu de la ville, dans un très bel aspect, ayant le dortoir tourné à l'orient, duquel on découvre de vastes et fertiles campagnes qui s'étendent entre les rivières d'Allier et de Sioule, aux environs de la petite montagne de Montmiret que l'on voit à un demi-quart de lieue de la ville, presque toute entourée de vignes jusques à la cime... »

un pied d'oie, qu'on dit être la reine Berthe ; et, dans l'église paroissiale, on voit la figure d'un *Ecce Homo* de grandeur naturelle et d'une seule pierre dont les curieux font grand cas. Cette ville est aussi ornée d'un pont de pierre considérable qui a été bâti depuis dix ans sur la rivière de Sioule qui arrose ses murs. Le nombre des habitants est de 1.530 et de 590 feux.

Aigueperse est aussi considérable, étant le siège de la duché et pairie de Montpensier. Il y a le lieutenant général et autres officiers de la pairie et un hôtel de ville ; mais le lieutenant général a réuni la mairie avec sa charge dans ces derniers temps. Les curieux estiment beaucoup, dans cette petite ville, un tableau de saint Sébastien de grandeur naturelle, attaché à son poteau et mourant tout percé de flèches, plein d'une foi vive, qui fixe ses regards vers le ciel ; ce tableau n'est qu'en détrempe, mais c'est ce qui fait le plus admirer la finesse et la délicatesse de cet ouvrage. Cette ville n'est qu'un boyau tout en longueur. Elle contient 1,076 personnes et 540 feux. Il y a un bailli d'épée et gouverneur qui est le sieur d'Arbouze.

Charroux a été autrefois une ville assez peuplée et polie ; aujourd'hui, ce n'est qu'un monceau de pierres (1), elle n'a plus que 600 habitants et 180 feux habités. Il y a une châtellenie royale.

(1) L'église de Charroux, dont le clocher avait été fort éprouvé au cours des guerres de religion, était, en 1698, dans un état tel, que M. Le Vayer écrivait à Paris que l'on n'y pouvait entrer sans périls ; il était d'avis, pour faire les réparations urgentes, d'imposer, sur tous les habitants de la ville, une somme de 1.600 l. qui serait seulement consacrée à la nef, le clocher sur le chœur devant être rebâti aux frais des gros décimateurs. Par acte du 27 juillet 1698, les habitants consentirent à l'imposition, sauf le commandeur de la Marche, Antoine de Fougère, qui protesta contre les 164 l. auxquelles il était taxé, prétendant ne devoir être soumis qu'aux réparations du chœur. (Arch. nat. G², 408.)

Chantelle (1) était autrefois considérable, principalement par son château qui fut rasé pour la désertion du connétable de Bourbon. Il y a encore 550 personnes et 160 feux.

Ebreuil (2) est assez peuplée. L'abbaye qu'elle renferme dans ses murs est très considérable, l'abbé est séculier et il y a dix religieux de l'ordre de Cluny. Ses habitants sont au nombre de 650 et 190 feux.

Artonne (3) est une ville assez considérable dont M. le comte de Broglie est seigneur, ainsi qu'il sera expliqué dans la suite. Il y a 750 personnes et 200 feux.

Escurolles est de 650 personnes et 140 feux.

(1) Abbé Boudant, *Histoire de Chantelle*, Moulins, 1862, in-4°.

(2) Abbé Boudant, *Histoire de la ville, du château et de l'abbaye d'Ebreuil*, Moulins, 1864, in-4°. D'après un « Etat des villes, bourgs et autres lieux de marchéz dans l'intérieur, d'où le commerce extérieur se fait ou peut avoir lieu par les rivières… », dressé au XVIII° siècle, on voit qu'il y avait à Ebreuil marché le mardi et le vendredi ; c'était le plus considérable marché de la généralité, fournissant Lyon quand cette ville manquait de blé. (Arch. Allier, C. 94, fol. 2 v°.)

(3) Le 5 novembre 1691, Artonne avait été éprouvé par un incendie qui avait détruit une trentaine de maisons, vingt-cinq granges pleines de grains, des étables, des toits à porcs, des celliers ; un tiers des habitants, écrivait l'intendant au contrôleur général, étaient réduits à mendier leur pain et ne pouvaient rien payer de la taille ni de l'ustencile ; le malheur était même aggravé de ce fait que, la récolte ayant été bonne, la taille de la ville avait été augmentée d'un tiers. La lettre de l'intendant est accompagnée d'un procès-verbal de l'incendie et d'un état des pertes subies par les habitants, état dressé par les officiers de l'élection de Gannat ; on y voit que la ville devait encore 83 l. 19 s. de la taille et de l'ustencile de 1691 ; pour 1692, ses cotes de taille montaient à 741 l. 5 s. et ses cotes d'ustencile à 336 l. 5 s. Parmi les sinistrés on relève les noms de Jacques Desnier et de Jean Vallet, chirurgiens, d'autre Jean Vallet, bailli de Jozeran et consul ; pour 1691, de François Fradet, bailli d'Artonne. Le Roi vint au secours des sinistrés en leur faisant distribuer 800 l. du trésor royal. (Arch. nat., G⁷, 407.)

Ris, autre petite ville, où il y a 447 personnes et 120 feux. M. l'archevêque de Toulouse (1), en qualité de prieur, en est seigneur.

Saint-Gervais, dont M. le marquis de Saint-Hérem (2) est seigneur, contient 400 personnes et 110 feux.

Total des âmes des dites villes : 8.862 ; total des feux : 2.880.

Partant, le nombre des feux de toutes les villes de cette généralité est de 15.262 ; celui des personnes de 54.698. Mais il faut conclure de tout ce détail des grandes et des petites villes de la généralité de Moulins qu'il n'y aucune ville forte dans son enceinte.

(1) J.-B. Colbert de Villacerf.
(2) Voy. plus loin, chap. IV.

CHAPITRE III

Gouvernement ecclésiastique

Il faut à présent examiner cette généralité par rapport
au gouvernement ecclésiastique, au gouvernement militaire, à la justice et aux finances.

Nivernais

Eglises, évêchés, prieurés, abbayes et le revenu d'iceux

Il n'y a dans la généralité de Moulins que le seul évêché
de Nevers, suffragant de l'archevêché de Sens ; son établis-
ment est très ancien. Saint Austremont, disciple des
apôtres, après avoir converti les peuples de Nevers à la foi
catholique, fut élu le premier évêque par les suffrages du
peuple, et l'on compte cent quatre évêques depuis saint
Austremont jusqu'à M. Vallot, fils de feu M. Vallot, premier médecin du Roi, qui occupe le siège épiscopal aujour-
d'hui. Ce prélat n'a pas les manières grandes, est assez
attentif à ses devoirs ; il fait exactement ses visites et a
grand soin de son séminaire ; il a fait bâtir, ou plutôt
refaire une partie du palais épiscopal de Nevers et de sa
principale maison de campagne qui est à Urzy, à une lieue
et demie de Nevers. Il est aussi fort zélé et affectionné pour
le service du Roi ; on l'aimerait peut-être davantage dans
Nevers s'il se communiquait un peu plus et s'il était moins
ménager.

Le chapitre de l'église cathédrale de Nevers est composé d'un doyenné de 1.200 l. de revenu, d'un archidiaconé et de quatre dignités, de deux offices ou personnats et de quarante prébendes de 300 l. chacune au plus. Cet évêché se divise en huit archiprêtrés. L'évêque est seigneur de trois châtellenies, savoir : Prémery, Urzy (1) et Parzy (2). De cet évêché relèvent plusieurs fiefs, et, entre autres, quatre principaux, chacun desquels a titre de baronnie de l'évêché, savoir : Druy (3), Poiseux (4), Cours-les-Barres (5) et Givry (6) ; ils sont tenus de porter l'évêque en sa chaire pontificale le jour de son entrée à Nevers. Le revenu de cet évêché est de 10 à 12.000 l.

Il y a trois abbayes dans la province du Nivernais dépendantes de cette généralité, savoir : l'abbaye de Saint-Martin de Nevers, de chanoines réguliers de Saint-Augustin, congrégation de Sainte-Geneviève, possédée par M. l'abbé de Vienne, conseiller au parlement de Paris, de 3.000 l. pour l'abbé et 2.000 l. pour les religieux ; l'abbaye de Bellevaux (7), ordre de Prémontré, possédée par M. l'abbé de Bussy-Rabutin, commendataire, de 800 l. pour l'abbé et de 100 l. pour les religieux ; l'abbaye de Notre-Dame de Nevers, de filles bénédictines, dont Mme de Langeron, sœur de M. de Langeron, lieutenant général des armées navales de S. M., est abbesse, de 10.000 l. de revenu.

Il y a dix-neuf prieurés dont les principaux sont : le prieuré

(1) Nièvre, arr. de Nevers, cant. de Pougues.

(2) *Ibid.*, cant. de Pougues, commune de Garchizy.

(3) *Ibid.*, arr. de Nevers, cant. de Decize. Druy-le-Marnai dans certains documents du xviiie siècle ; Druy-Parigny depuis la réunion de la paroisse de Parigny en 1790.

(4) Nièvre, arr. de Nevers, cant. de Pougues.

(5) Cher, arr. de Saint-Amand, cant. de la Guerche.

(6) *Ibid.*, commune de Cours-les-Barres.

(7) Nièvre, arr. de Château-Chinon, cant. de Châtillon-en-Bazois, commune de Limanton.

de Saint-Etienne de Nevers, de l'ordre de Saint-Benoît, dont M. de Tilladet, évêque de Chalon-sur-Saône, est prieur commendataire, de 2.000 l. pour lui et 2.000 l. pour les religieux; le prieuré simple de Saint-Victor-lès-Nevers; le prieuré de Saint-Sauveur, uni au grand prieuré de Cluny, de 2.000 l.; le prieuré de Saint-Révérien (1), de l'ordre de Cluny, de 3.000 l. de rente, tant pour le prieur que pour les religieux; le prieuré de Saint-Pierre-le-Moûtier, ordre de Saint-Benoît, de 2.000 l.; le prieuré de Faye (2), ordre de Grandmont, de 2.000 l.; le prieuré de la Ferté ou Fermeté (3), de filles de l'ordre de Saint-Benoît, à la nomination du Roi, qui est de 7 à 8.000 l. de rente. Les autres sont petits prieurés de 3, 4 et 500 l. de rente au plus, savoir : les prieurés de Champvoux (4), d'Aubigny (5), de Saint-Pierre de Decize, de Saint-Privé (6), de Coulonges (7), de Lucenay (8), d'Anlezy, de Langy (9), de Chevannes-Gazeaux (10), d'Abon (11), de Saint-Honoré (12), de Mazilles (13) et de Jailly (14).

Mais, outre ces abbayes ou prieurés du Nivernais dans la

(1) Nièvre, arr. de Clamecy, cant. de Brinon.
(2) *Ibid.*, cant. de Nevers, commune de Sauvigny-les-Bois.
(3) La Fermeté-sur-Ixeure, Nièvre, arr. de Nevers, cant. de Saint-Benin-d'Azy.
(4) Nièvre, cant. de La Charité.
(5) Aubigny-sur-Loire, Nièvre, arr. de Sancerre, cant. de Sancergues, commune de Marseille-lès-Aubigny.
(6) Faubourg de Decize.
(7) Nièvre, arr. de Nevers, cant. de Fours, commune de Cercy-la-Tour.
(8) Lucenay-les-Aix, Nièvre, arr. de Nevers, cant. de Dornes.
(9) Nièvre, arr. de Nevers, cant. de Saint-Benin-d'Azy, commune de Ville-lès-Anlezy.
(10) Nièvre, commune de Billy-Chevannes.
(11) *Ibid.*, arr. de Château-Chinon, cant. de Moulins-Engilbert, commune de Maux.
(12) Saint-Honoré-les-Bains, commune du cant. de Moulins-Engilbert.
(13) *Ibid.*, commune d'Isenay.
(14) Nièvre, arr. de Nevers, cant. de Saint-Saulge.

généralité de Moulins, il y en a beaucoup d'autres de la même province qui sont de l'étendue des généralités de Bourges, d'Orléans et de Paris, par exemple l'abbaye de Saint-Léonard (1), l'abbaye de Cure (2), l'abbaye de Cervon (3), de la Roche-Vanoise (4), dans le pays d'Autun ; l'abbaye de Saint-Laurent (5) ; les prieurés de la Charité, au diocèse d'Auxerre, et de l'Epaux (6), à Donzy, généralité de Bourges.

Il y a quatre chartreuses dans le Nivernais : la maison de Bellary, diocèse d'Auxerre, près de Donzy ; la chartreuse de Basseville, près de Clamecy ; la chartreuse d'Apponay,

(1) Saint-Léonard de Corbigny (Nièvre, arr. de Clamecy), abbaye bénédictine fondée en 864. Le ms. Philipps ajoute : « de 7 à 8.000 l. de rente, dont M. l'abbé Pucelle, conseiller clerc au parlement de Paris, est pourvû ». Il s'agit de René Pucelle, neveu du maréchal de Catinat, et défenseur du diacre Pâris, abbé de Saint-Léonard depuis 1694.

(2) Saint-Martin de Cure ou de Chore, abbaye bénédictine au diocèse d'Autun, actuellement dans le dép. de l'Yonne, arr. d'Avallon, cant. de Vézelay, commune de Domecy-sur-Cure, fondée au xiie siècle. Jean Gallois, rédacteur du *Journal des Savants*, professeur de grec au Collège de France, qui vécut dans l'intimité de Colbert et fut de l'Académie française et de l'Académie des inscriptions, était en 1693 abbé de Saint-Martin de Cure ; il mourut à Paris le 9 avril 1707.

(3) Nièvre, arr. de Clamecy, cant. de Corbigny. Abbaye de bénédictins. En 1693, l'abbé était Roch Du Verdier, mort le 17 mai 1707, qui, dit son épitaphe, « par humilité, a voulu estre inhumé devant la porte du chœur du chapitre dans la nef de la paroisse, auprès de messire Roch Du Verdier, gentilhomme ordinaire de la chambre du Roy, et de dame Marie Madot, ses père et mère ». (*Gall. Christ.*, éd. de 1728, t. iv, p. 446.)

(4) Nièvre, arr. de Château-Chinon, cant. de Luzy, commune de la Roche-Milay. Prieuré dépendant de la Charité.

(5) Nièvre, arr. de Cosne, cant. de Pouilly ; abbaye de l'ordre de Saint-Augustin.

(6) Nièvre, cant. et commune de Donzy, prieuré dépendant du grand prieuré du Val-des-Choux. Il était en complète décadence au milieu du xviie siècle, d'après un procès-verbal de visite fait en octobre 1657 par le grand prieur du Val-des-Choux, qui arrivait avec l'intention de « faire cesser les abbus du passé, restablir le nombre des religieux et la conventualité et rendre les choses à l'advenir en meilleur estat tant au spirituel qu'au temporel ». (Arch. de l'Allier, H. 266.)

dans Savigny-Poil-Fol ; la chartreuse du Val-de-Saint-Georges, près de Lorme. Ces deux dernières sont de la généralité de Moulins ; les deux autres en ont été distraites et mises dans celles du Berry et d'Orléans.

Il y a aussi seize maisons religieuses d'hommes, savoir : les chanoines réguliers de Saint-Martin ; les religieux de Saint-Etienne ; de Saint-Sauveur ; les jacobins ; les récollets ; les carmes ; les capucins ; les minimes ; les jésuites ; les prêtres de l'Oratoire de Nevers ; les augustins de Saint-Pierre-le-Moûtier et les bénédictins ; les Picpus de Moulins-Engilbert ; les religieux de Grandmont, de Faye ; les bénédictins de Saint-Revérien ; les minimes de Decize.

Il y a neuf maisons de religieuses, savoir : les religieuses de Notre-Dame de Nevers, deux couvents d'ursulines, un de Sainte-Marie, un de carmélites, un de sœurs grises dans Nevers ; un couvent d'ursulines à Saint-Pierre-le-Moûtier ; un autre à Moulins-Engilbert ; des sœurs de Sainte-Claire à Decize.

Eglises du Bourbonnais

Cette province (1) dépend des diocèses d'Autun, Bourges, Clermont et Nevers. Il y a trois abbayes : l'abbaye de Saint-Gilbert (2), ordre de Prémontré, dont l'abbé jouit de 1.500 l. de revenu et les six religieux de 2.400 l.; l'abbaye de Saint-Lieu de Sept-Fonds (3), de fondation royale, si

(1) Cf. Abbé J.-J. Moret, *Notes pour servir à l'histoire des paroisses bourbonnaises*, t. 1ᵉʳ, Moulins, 1902, in-8.

(2) Saint-Gilbert-Neuf-Fontaines, Allier, arr. de Gannat, cant. d'Escurolles, commune de Saint-Didier-en-Rollat. L'abbé était alors L. Archon, chapelain ordinaire du roi, mort à Riom en 1717 ; il avait fait, peu auparavant, paraître en deux volumes, une *Histoire de la chapelle des rois de France.*

(3) Allier, arr. de Moulins, cant. de Dompierre, commune de Diou.

fameuse par la réforme que le R. P. abbé de Beaufort (1)
y a introduite et dont le revenu n'est pas de plus de 5 à
6.000 l.; l'abbaye de Saint-Menoux (2), des religieuses
bénédictines de l'ordre de Cluny, dont Mme de La Chaise,
nièce de Mme de Cusset et sa digne élève, et nièce du
R. P. de La Chaise, est abbesse, et vaut 12.000 l.

Il y a vingt-trois prieurés dont les principaux sont : le
prieuré de Souvigny, ordre de Cluny, de 6.000 l. pour le
prieur, M. l'abbé Du But (3), frère du R. P. de La Chaise,
et 2.000 l. pour les religieux; le prieuré des chanoines
réguliers de Saint-Augustin (4), de 2.000 l. de rente ; le
prieuré de Montempuis (5), de 1.200 l., possédé par le
s. Berger ; le prieuré de Saint-Germain-de-la-Garde (6),
de 3.000 l.; le prieuré de Domérat (7), en règle des chanoines réguliers de Sainte-Geneviève, de 1.500 l.; le prieuré
de Durdat (8), de 1.000 l. dans la même règle ; le prieuré
du Montet, ordre de Saint-Benoît, de 2.000 l. pour le
prieur et les religieux ; le prieuré d'Huriel (9), de 1.200 l.;
le prieuré de Néris, possédé par M. de Montgon, de 2.000 l.;
le prieuré de Notre-Dame de Montluçon, possédé par
M. l'évêque d'Alet (10), 600 l.; le prieuré de Saint-Ger-

---

(1) Eustache de Beaufort, abbé depuis 1656, mort en 1709.

(2) Allier, arr. de Moulins, cant. de Souvigny.

(3) Jacques-Gabriel de La Chaise du But, pourvu du prieuré depuis
1682, mort le 7 septembre 1708. Cf. Dom Tripperet, *Mémoires pour
servir à l'histoire du prieuré de Saint-Pierre et Saint-Paul de Souvigny*,
copie mod. aux Arch. de l'Allier, H. 420.

(4) A Château-sur-Allier et dépendant de l'abbaye de Saint-Martin
d'Autun, Allier, arr. de Moulins, cant. de Lurcy-Lévy.

(5) Nièvre, arr. de Nevers, cant. de Dornes, commune de Saint-
Parize-en-Viry.

(6) Allier, arr. de la Palisse, cant. de Varennes, commune de Saint-
Germain-des-Fossés.

(7) Allier, canton de Montluçon-Ouest.

(8) *Ibid.*, arr. de Montluçon, cant. de Marcillat.

(9) Pour ce prieuré et le précédent, voir p. 40.

(10) Victor-Augustin Méliand. Voir p. 71.

main-de-Sales (1), 800 l. Les autres prieurés sont de 3 et 400 l., savoir : les prieurés du Moustier (2), Marseigne (3), Sainte-Croix (4), la Jolivette (5), les Allots et la Teillie (6), de Quinssaines (7), de Lignerolles (8), de Marcillat (9), de la Bouteille (10), de Saint-Chevray (11).

Il y a sept chapitres peu considérables : celui de Moulins, de Bourbon, de Montluçon, d'Hérisson, de Villefranche, d'Huriel et de Verneuil.

Il y a dix-huit couvents de religieux, y compris ceux dont il a été parlé sur l'article de chaque ville en particulier : les jacobins de Moulins, les cordeliers de Moulins (12), ceux de Champaigre, ceux du Donjon, ceux de Montluçon ; les carmes de Moulins ; les augustins de Gannat ; les célestins de Vichy ; les minimes de Moulins ; les capucins de Moulins, de Montluçon, de Gannat ; les augustins de Moulins, de Bourbon ; les jésuites de Moulins ; les religieux bénédictins de Souvigny, ceux du Montet ; les frères de la charité de Moulins. Il y en a douze de filles religieuses : les hospitalières de Saint-Joseph dans Moulins et les filles de Sainte-Claire ; les ursulines de Moulins, celles de Gannat, celles de Montluçon ; les carmélites de Moulins ; les filles de Sainte-Marie de la

(1) Allier, arr. de Gannat, cant. de Chantelle.

(2) Le Moûtier-lès-Jaligny, arr. de la Palisse, commune de Jaligny, dont Jean-Jacques de Charry des Gouttes était prieur depuis 1666. Voir *Le prieuré du Saint-Sépulcre du Moûtier*, dans les *Arch. hist. du Bourbonnais*, t. I, p. 173 et 211.

(3) *Ibid.*, commune de Jaligny, au milieu du bois de Marseigne.

(4) A Gannat.

(5) Dans la paroisse de Fleuriel, Allier, arr. de Gannat, cant. de Chantelle. Cf. Florent d'Argouges, p. 144.

(6) *Ibid.*

(7) Allier, cant. de Montluçon-Ouest.

(8) *Ibid.*

(9) Allier, arr. de Montluçon.

(10) Allier, arr. de Montluçon, cant. d'Hérisson, commune du Brethon.

(11) Saint-Caprais, commune du cant. d'Hérisson.

(12) Cf. p. 25, n. 3.

même ville ; les bernardines de Moulins, celles de Montluçon ; les bénédictines du Donjon, celles d'Izeure ; les religieuses de Pontratier (1), ordre de Fontevrault.

Eglises de la Haute Marche

Cette province est du diocèse de Limoges et régie par les archiprêtrés d'Aubusson, Anzême (2) et Néaux (3). Il y a cinq abbayes : l'abbaye et chef d'ordre de Grandmont, dont l'abbé est régulier, et fondée par saint Etienne de Muret en 1076, et a sous lui trente-cinq religieux, de 20.000 l. de revenu ; l'abbaye du Moûtier-d'Ahun (4), ordre de Saint-Benoît, fondée par Bozon, comte de la Marche et de Périgord en 997, en commende, est de 1.500 l. pour l'abbé et 1.500 l. pour les religieux ; l'abbaye de Bonlieu (5), en Combraille, de l'ordre de Citeaux, dont M. de Saint-Georges (6) est abbé commendataire, et a 1.000 l. pour le prieur et deux religieux, fondée en 1120 par Girault de Salis et Roger, abbé de Dalon ; l'abbaye de Prébenoist (7),

(1) Allier, cant. de Gannat, commune de Charmes.

(2) Creuse, arr. de Guéret, cant. de Saint-Vaulry.

(3) Creuse, cant. d'Aubusson.

(4) Voir A. Mazet, *Contribution à l'histoire d'Ahun (Mém. de la Soc. des sciences nat. et archéol. de la Creuse,* 1892, p. 345-374), et F. Autorde, *L'étude des monuments de la Creuse* (le Moûtier-d'Ahun), avec fig. (*ibid.*, p. 425-430). En 1698, l'abbé du Moûtier était un fou, Louis Coquille. Il tomba malade en 1662, fut interdit en 1663, interné, et mourut en 1704. (H. Delannoy, *Liste critique des abbés du Moûtier-d'Ahun,* dans les *Mém. de la Soc. des sciences nat. et archéol. de la Creuse,* 1902, p. 360. Le même auteur a, en outre, donné une histoire du Moûtier, *ibid.*, 1903, p. 109-189.)

(5) Creuse, arr. d'Aubusson, cant. de Chénerailles, commune de Peyrat-la-Nonière.

(6) Nicolas de La Saigne de Saint-George qui reprit la direction de l'abbaye après avoir, une première fois, abdiqué en faveur de Nicolas de Montagnat.

(7) Creuse, arr. de Boussac, cant. de Châtelus-Malvaleix.

ordre de Citeaux, fondée par Gatien de Malval en 1140 : l'abbé est commendataire, a 800 l. de revenu et 600 l. pour trois religieux ; l'abbaye d'Aubepierre (1), de l'ordre de Citeaux, soumise à l'abbaye de Clairvaux, fondée en 1149, du revenu de 1.800 l. pour l'abbé commendataire et de 1.000 l. pour trois ou quatre religieux.

Il y a deux chapitres, savoir : celui d'Aubusson, composé d'un prévôt et de six chanoines, dont les prébendes sont de 300 l. et la prévôté de 5 à 600 l.; celui de Taillefer (2), dont le doyenné est de 800 l. et les huit prébendes de 300 l. chacune ; il a été fondé par Pierre d'Arrablay de Taillefer (3), archevêque de Toulouse, chancelier de France, qui présida, en cette qualité, aux états de France qui confirmèrent la loi salique en faveur de Philippe V dit le Long, fut ensuite cardinal sous le titre de Sainte-Suzanne, et mourut en 1318.

Les prieurés sont au nombre de dix-sept. Le plus considérable et qui est en règle est celui des célestins des Ternes (4), dont le revenu est de 4 à 5.000 l.; ils furent fondés en 1345 par Roger, archevêque de Bourges, mort en odeur de sainteté ; le prieuré de Guéret, de 1.200 l. (5),

(1) Creuse, arr. de Guéret, cant. de Bonnat, commune de Méasne.

(2) Ou la Chapelle-Taillefer, Creuse, cant. de Guéret.

(3) Note de Couturier de Fournoue : « Il y a ici une faute de chronologie, car le fondateur du chapitre de Taillefer s'appelait Pierre de La Chapelle et mourut en 1312. Il a un magnifique tombeau dans le chœur de l'église de ce chapitre et son épitaphe est autour, en vers léonins. » Cette note est exacte. M. Le Vayer confond le cardinal Pierre de La Chapelle-Taillefer, qui fut bien archevêque de Toulouse, mais non chancelier de France, avec Pierre d'Arrablay, qui mourut non en 1318, mais en 1329.

(4) Creuse, arr. de Guéret, cant. d'Ahun, commune de Pionnat. Voir Roy de Pierrefitte, *Prieuré des Ternes*, dans les *Mém. de la Soc. des sciences nat. et archéol. de la Creuse*, 1865, p. 66-91.

(5) D'après le subdélégué Couturier de Fournoue, la somme de 1.200 l. est une évaluation exagérée du revenu du prieuré : charges déduites, le prieur, dit-il, n'en retirait pas 50 l.

possédé par M. Hervé (1), évêque de Gap ; le prieuré de la Villedieu (2), de 1.000 l. ; le prieuré de Naillat (3), de 1.000 l. ; les autres sont de 3 jusqu'à 600 l., savoir : les prieurés d'Aubusson, de Jarnages, de Feüilletin, d'Issoudun, d'Ahun, Maisonfeyne (4), Mansat (5), Seignat (6), Villars (7), Malval (8), Genouillat (9), Nouziers (10), La Tour-Saint-Austrille (11).

Les couvents de religieux sont au nombre de dix, savoir : les cinq abbayes ci-dessus et le prieuré des Ternes, les récollets de Guéret, les cordeliers de Boisferuz (12), les cordeliers de la Selette (13), les cordeliers de Linard (14). Il

(1) Charles Hervé, fils d'un conseiller au parlement de Paris, aumônier de Monsieur, mort à Paris en 1718. Il avait été pourvu du prieuré en 1662, après le décès de M. Louis Tacquenet, d'une famille « noble et ancienne en cette ville et province ». (Chorllon, *Mém.*, p. 34.)

(2) Creuse, arr. d'Aubusson, cant. de Gentioux. Le prieuré de la Villedieu devait à la justice d'Aubusson une rente annuelle de trois livres, payables à la Saint-Michel, en vertu d'une transaction remontant à 1245. Georges d'Aubusson fut prieur commendataire de la Villedieu depuis 1649 jusqu'à sa mort, en 1697 ; Louis Coursier, chanoine de Notre-Dame de Paris lui succéda, et, le 4 janvier 1698, consentit bail du revenu temporel du prieuré à Antoine de Truffy, notaire royal de la Villedieu, moyennant 1650 l. par an. (Z. Toumieux, *Le comté de la Feuillade*, dans les *Mém. de la Soc. des sciences nat. et archéol. de la Creuse*, 1903, p. 66-68.)

(3) Creuse, arr. de Guéret, cant. de Dun-le-Palleteau.

(4) *Ibid.*

(5) Creuse, cant. de Bourganeuf.

(6) Sagnat, Creuse, arr. de Guéret, cant. de Dun-le-Palleteau.

(7) *Ibid.*

(8) Creuse, arr. de Guéret, cant. de Bonnat.

(9) Creuse, arr. de Boussac, cant. de Châtelus-Malvaleix.

(10) *Ibid.*

(11) Creuse, arr. d'Aubusson, cant. de Chénerailles, commune de Saint-Dizier-la-Tour.

(12) Creuse, cant. de Bonnat.

(13) La Cellette, cant. de Châtelus-Malvaleix.

(14) « Les cordeliers de Linard sont les mêmes que Bois-ferru. Du reste, il faut ajouter à ces *Mémoires* les barnabites et les missionnaires jésuites, établis de nouveau dans la ville de Guéret. » (Couturier de Fournoue.)

y a deux couvents de filles, savoir : le prieuré de Blessac (1), ordre de Fontevrault, fondé par Arnulphe, vicomte d'Aubusson en 1049, et par Turpin d'Aubusson, évêque de Limoges : il y a vingt-quatre religieuses, et est de revenu de 8.000 l.; les religieuses hospitalières de Guéret, ordre de Saint-Augustin, 2.000 l.

Eglises du pays de Combraille

Evaux en Combraille est dépendant de l'évêché de Limoges. Il y a neuf prieurés dont le principal est le prieuré-prévôté des religieux chanoines réguliers de Saint-Augustin d'Evaux, dont M. Méliand (2), évêque d'Alet, est titulaire, et il lui vaut 3.000 l., charges payées, et 5.500 l. pour les religieux ; le prieuré simple de Basville (3), 1.000 l.; les autres sont de 3, 4 et 500 l., savoir : les prieurés de Rougnat (4), de Sermur (5), de Mautes (6), de Saint-Bard (7), de Chard (8), de Mainsat (9) et de Franc-Alleu.

Eglises d'Auvergne

Dans le pays d'Auvergne réuni à la généralité de Moulins, il y a deux abbayes d'hommes, savoir : l'abbaye de

(1) Cant. d'Aubusson.
(2) Victor-Augustin Méliand, évêque d'Alet, du mois de juin 1684 au mois d'octobre 1698. Il ne prit possession de son siège qu'en 1692. Voir p. 66.
(3) Creuse, arr. d'Aubusson, cant. de Crocq.
(4) *Ibid.*, cant. d'Auzance.
(5) *Ibid.*, cant. d'Auzance.
(6) *Ibid.*, cant. de Bellegarde.
(7) *Ibid.*, cant. de Crocq.
(8) *Ibid.*, cant. d'Auzance.
(9) *Ibid.*, cant. de Bellegarde.

Menat (1), ordre de Saint-Benoît non réformé, dont M. de Savignac (2), originaire du Poitou, est abbé commendataire : l'abbaye a de revenu 6.000 l., dont l'abbé a 4.000 l.; l'abbaye d'Esbreuil (3), dont l'abbé est régulier et porte la croix, est de l'ordre de Cluny, de 8.000 l. de rente ; une abbaye de filles, qui est l'abbaye de Cusset, ordre de Saint-Benoît, qu'on prétend être de fondation royale, mais que M. Guy Coquille prétend, dans son histoire du Nivernais, avoir été fondée par Eumenus, évêque de Nevers ; l'abbesse (4) est sœur du R. P. de La Chaise, d'une vertu éminente et qui a formé sous elle, dans son abbaye, trois nièces, dont une est l'abbesse de Saint-Menoux, l'autre, prieure de Marsigny (5), et la troisième est la dame d'Aix qui est encore religieuse auprès d'elle, et lesquelles sont toutes trois des modèles de vertu et de pureté de la vie religieuse, aussi bien que leur tante ; le revenu de cette abbaye n'est que de 7.000 l.

L'on compte dans la généralité de Moulins : un évêché, quatorze abbayes, dix chapitres, quarante couvents de religieux au nombre de 408 personnes, vingt-trois couvents de religieuses au nombre de 907 personnes ; 887 curés, 67 prieurs, 394 prêtres. Total des ecclésiastiques, curés, vicaires et autres, non compris les religieux : 1.348. Nul d'eux n'est fort distingué et au-dessus des autres en science ou vertu, si ce n'est l'abbé et les religieux de Sept-Fonds qui suivent de fort près les traces austères de ceux de l'ab-

----

(1) Puy-de-Dôme, arr. de Riom.

(2) Jacques, fils de Jean-Georges d'Aubusson, s. de Savignac, et de Catherine de Saint-Chamans.

(3) L'abbé était alors, depuis 1687, Louis de Pestivien de Cuvilly, bénédictin de Saint-Maur. Voir, à propos d'une croix processionnelle offerte par lui à l'abbaye, Ph. Tiersonnier, *Notes sur Louis de Pestivien... et sur sa famille...*, Moulins, 1904, in-8°.

(4) Marie-Catherine de La Chaise d'Aix, morte en mars 1701.

(5) Marcigny, Saône-et-Loire, arr. de Charolles.

baye de la Trappe (1) et excitent la curiosité des étrangers qui cherchent l'édification et les sentiments de pénitence qui inspirent la vie qu'ils pratiquent avec une ferveur presque incroyable.

(1) La Trappe (Orne, arr. de Mortagne, cant. de Bazoches-sur-Hoëne, commune de Soligny) adopta l'étroite observance de Cîteaux en 1663, par les soins de l'abbé de Rancé ; celui-ci, atteint d'un mal incurable, s'était démis de son abbaye en 1695 et devait mourir cinq ans après.

CHAPITRE IV

Gouvernement militaire

Gouvernement militaire de la province de Bourbonnais

M. le marquis de La Vallière (1) est gouverneur de la province du Bourbonnais; il n'en est point originaire et il n'a point encore pris en personne possession de ce gouvernement qui peut valoir 35.000 l. de revenu, y compris 1.500 l. qu'il reçoit pour son logement et les étrennes de la ville de Moulins. Il y est très peu connu, et tout le crédit et l'autorité se trouvent entre les mains du lieutenant général de la province.

M. le comte de Charlus (2) est lieutenant général de la province; il est l'un des aînés de la maison de Lévy, il a été autrefois mestre de camp d'un régiment de cavalerie et réside ordinairement dans son château de Poligny, en Bourbonnais, et M. de Lévy (3), son fils, est actuellement

(1) Charles-François de La Baume le Blanc, s. de Champs et de Choisy, marquis puis duc de La Vallière, pair de France, gouverneur du Bourbonnais depuis 1676, année de la mort de son père. Né en 1670, il avait épousé, le 16 juin 1698, Marie-Thérèse de Noailles, dont il eut deux fils. Il mourut en 1739. (Voir Eugène Le Brun, *Les ancêtres de Louise de La Vallière*, Paris et Moulins, 1903, in-12.)

(2) Charles-Antoine de Lévy, s. de Poligny, comte de Charlus, qui avait épousé Marie-Françoise de Béthisy dont il eut un fils, Charles-Eugène, qui lui succéda comme lieutenant général en Bourbonnais (Arch. de l'Allier, B. 747), et plusieurs filles; l'une d'elles, Marie, avait épousé, en 1692, son cousin, Philippe-François-Eléazar de Lévy, marquis de Châteaumorant (*ibid.*, B. 746).

(3) Voir la note précédente. Il fut créé duc et pair en 1723. Il épousa,

mestre de camp d'un régiment de cavalerie. Il a plusieurs
terres en Auvergne, dans le Nivernais, même en Cham-
pagne ; il y a aussi beaucoup d'affaires dans sa maison ;
on le tient riche de 18 à 20.000 l. de rente ; il est fort
ménager, vindicatif, médisant et redouté. Feu M. le marquis
de Lévy, son père, était aussi lieutenant général de la
province.

Comme le Bourbonnais n'est pas frontière, il n'y a
pas beaucoup de fonctions pour le gouverneur et le lieutenant général. C'est le gouverneur auquel les ordres sont
adressés pour faire marcher les troupes qui sont dans son
gouvernement, expédier les routes, faire faire la convocation
du ban assisté d'un bailli et sénéchal de la province. C'est
aussi le gouverneur qui est le premier juge du point
d'honneur entre les gentilshommes, et à l'exclusion même
du subdélégué de MM. les maréchaux de France ; et généralement tout ce qui concerne le gouvernement militaire
appartient au gouverneur ; les milices bourgeoises, les
maréchaussées sont sous ses ordres, et il peut, quand il
lui plaît, faire des assemblées et tenir des conseils toutes
les fois que le service du Roi, dont il exerce l'autorité, le
requiert ; mais il doit dans ce cas y appeler l'intendant de
la province qui peut lui donner ses avis et qui, de son côté,
seul a la connaissance de ce qui concerne la justice, police
et finance.

Il y a aujourd'hui, dans toutes les villes du royaume,
des officiers de milice bourgeoise ; dans Moulins et dans
Nevers il y a un colonel, un major, des capitaines, lieutenants, que le Roi y a créés, et des sergents de quartier ; dans les autres petites villes il n'y a que deux ou quatre

en 1698, Marie-Françoise d'Albert, fille du duc de Chevreuse ; une de
ses filles se maria, en 1722, à Joseph-François de La Croix, marquis
de Castries, lieutenant général de Languedoc.

capitaines et des lieutenants à proportion de leur grandeur. Et ces officiers prennent les ordres, pour mettre la milice bourgeoise sous les armes, des gouverneurs et lieutenants généraux qui les donnent aux maires, les maires aux officiers de milices. Ce nouvel établissement (1) peut avoir son utilité, mais, comme on a donné les exemptions de tailles, ustenciles et autres charges publiques à tous ces officiers, cela est devenu fort à charge au peuple parce que les plus riches trouvent par ce moyen des exemptions qui retombent sur lui (2).

(1) C'est une ordonnance de 1692 qui avait placé les milices sous les ordres des intendants.

(2) M. Le Vayer signalait déjà les inconvénients de la milice dans une lettre au contrôleur général de mai 1695 (Boislisle, *Corr., des contrôleurs généraux*, t. 1. p. 389). Chaque paroisse fournissait, outre la nourriture de son soldat de milice et les deux sous de solde qu'elle devait lui donner, une somme de 60 l. en moyenne, à défaut de quoi le soldat, un remplaçant le plus souvent, refusait de partir aux armées ; d'où deux abus : une grande quantité d'argent (plus de 20.000 écus) sortait de la « province », et de plus les paroisses se servaient d'étrangers qui désertaient. Le Vayer essaya de remédier au mal en ordonnant aux collecteurs de procéder par la voie du sort ; mais les plus misérables demandaient encore quelque gratification, faute de laquelle « ils se jetoient dans les bois », de sorte que l'intendant crut, en 1695, qu'il ne pourrait compléter les 540 hommes de milice auxquels le régiment était cependant réduit pour cette année. Il lui fallut fournir à chacun 10 ou 20 l., une chemise et une cravate. Le tirage au sort n'était point utilisé dans la pratique, et bien des jeunes gens, mariés ou non, continuaient à se faire remplacer.

Cette milice, au dire de notre intendant, ruinait le plat pays, vivant de concussions et de violences, plus que les « autres troupes réglées » ; il eût été bon que les soldats ne fussent point dispersés dans les paroisses, mais « retenus dans des quartiers d'assemblée, sous les yeux de leurs officiers, qui répondroient de leur conduite ».

Le ban et la milice étaient des institutions en décadence ; Spanheim (*Relation de la cour de France*, p. pour la Soc. de l'Histoire de France, par Ch. Schaefer, Paris, 1882, in-8°) constatait, en 1690, l'inutilité de leur convocation : « Il y a quelque lieu de croire que le corps qu'on en pourra faire présentement en France ne sera pas... fort redoutable, partie parce que la noblesse guerrière et propre à porter les armes se trouve déjà la plupart dans des emplois militaires et dans les troupes, partie

La maréchaussée du Bourbonnais est composée de deux compagnies, une de vice-sénéchaussée et l'autre de prévôté. Le s. de Saint-Mesmin (1) est le prévôt général, créé en 1641, à l'instar des prévôts généraux de Bretagne, Normandie, Languedoc et Guyenne ; il est homme de mérite ayant beaucoup d'esprit, de courage et de vertu ; il n'est pas riche et cependant désintéressé, capable de conduire une entreprise de quelque importance qu'elle soit ; il n'est pas secondé de bons officiers : il a sous lui deux lieutenants de chaque compagnie résidant à Moulins, deux exempts et dix-huit archers ; les archers ne sont pas mal montés, mais ils se plaignent de la modicité de leurs gages.

Ce prévôt a un lieutenant à Montluçon, nommé La Dure (2), dont le père, qui avait la même place, était fort bon officier ; le fils est plus pesant et songe plutôt à vivre en bon bourgeois qu'à veiller à la sûreté et tranquillité publique ; il a sous lui huit archers. Le même prévôt général du Bourbonnais a encore un exempt à Gannat, faisant la fonction de lieutenant ; il se nomme L'Auvergnat (3) et a succédé à son père ; il devrait y avoir aussi

vu que celle qui reste au logis n'y est guère propre, ou par l'âge, ou par les infirmités, ou par le méchant état où elle se trouve, à soutenir les frais ou les fatigues d'une campagne... On peut dire à peu près la même chose des milices ou des habitants des villes et paysans de la campagne qu'on peut mettre sur pied... » (P. 324-325.)

(1) Gilbert-Bon de Saint-Mesmin, s. des Prugnes, époux de Françoise-Marie Rousset ou Roussel, inhumée à Moulins en l'église Saint-Pierre-des-Ménestraux (1696). Il mourut en 1710 et fut enterré à côté de sa femme. Voir aux archives de la Nièvre (B. 276) une sentence rendue par le présidial de Saint-Pierre-le-Moûtier en sa faveur, le 1er juin 1699, et une autre (B. 280) rendue contre lui le 16 juillet 1703. « Il est parent de très prez à M. le marquis de Quincise. » (Note du ms. Philipps.)

(2) François Alamargot, s. de la Dure et du Mas, d'une vieille famille montluçonnaise, époux de Marie Tardé, mourut en 1724.

(3) Sans doute Claude Lauvergnat, qui épousa, le 26 août 1656, Marguerite Parchot, fille d'un procureur en la sénéchaussée. (Arch. de l'Allier, B. 742.)

six archers, mais, comme ils n'ont point de gages, il n'y en a que deux actuellement qui sont sans fonctions ; comme cette ville est à onze lieues de Moulins, il serait néanmoins très important d'entretenir cet exempt et six archers, de donner des gages pour les obliger d'être montés et d'être en état d'empêcher les désordres qui se commettent dans ce lieu et dans le voisinage, faute de gens pour contenir chacun dans le devoir.

Nous avons vu dans la dernière guerre (1) un régiment de milice, que la généralité de Moulins a fourni, composé d'un colonel, d'un lieutenant-colonel, d'un major et aide-major, de dix-huit compagnies de soixante hommes chacune avec leurs capitaine, lieutenant, sous-lieutenant, sergents, dont le colonel fut le s. Dulac (2), lequel ayant été tué à la bataille de la Marsaille, le s. de Villars (3) fut choisi par le Roi pour remplir sa place. Le Bourbonnais fournissait huit compagnies pour sa part, le Nivernais quatre, et la Marche et la Combraille six. Quoique la discipline et la police de ce régiment appartiennent au gouverneur de la province, cependant tout ce qui concernait le remplacement, l'armement, l'habillement et la paye des officiers et des soldats, était sous les soins de l'intendant de la province qui s'entendait autant qu'il le pouvait avec le gouverneur ou le lieutenant général de la province.

A l'égard du ban (4) de la noblesse qui se convoque par

(1) La guerre de la ligue d'Augsbourg, jalonnée par l'incendie du Palatinat (hiver 1687-1688), les batailles de Fleurus (1690) et de Steinkerque (1692), la victoire maritime de la Hague et le désastre de la Hougue (mai 1692), de la Marsaille, en Italie (oct. 1693), et qui prit fin avec les traités de Ryswick (1697).

(2) La commission de colonel lui fut délivrée le 1er janvier 1689. (Arch. de l'Allier, B. 746.)

(3) Gilbert de Bonneau, s. de Villard et de la Varenne, fils de Claude et d'Anne de Beaucaire.

(4) Cf. p. 76.

les ordres du gouverneur, l'usage est, dans le Bourbonnais et dans les autres provinces de la généralité, que les gouverneurs assistent et président à la convocation de la noblesse qui est faite à la diligence du lieutenant général et du procureur du Roi en la sénéchaussée. A l'égard du Bourbonnais, le gouverneur a droit d'y assister, parce qu'il est gouverneur et sénéchal en particulier du bailliage et sénéchaussée de Moulins ; dans les autres provinces, ne s'étant point trouvé de sénéchal en titre qui ait pu prendre le droit de faire seul la convocation, le gouverneur et même l'intendant de la province en son absence a toujours assisté et présidé à la convocation ; et, cependant, il semble que par les anciens réglements, le gouverneur ait droit de se faire représenter l'état des gentilshommes en état de marcher au ban et de les choisir, mais non pas d'assister à la convocation et de juger les essoines (1).

Le Bourbonnais a dû fournir dans toutes ces dernières guerres et chacune année le nombre de cent-vingt gentilshommes ; mais, soit par négligence, ou qu'effectivement la province ne pût les fournir, ordinairement il n'y en a pas eu d'effectifs plus de quatre-vingt, et il faut convenir que la noblesse y est très pauvre, quoiqu'il y ait de très anciennes familles, dont voici les plus connues (2).

La maison de La Guiche de Saint-Géran, dans laquelle il y a eu des maréchaux de France et gouverneurs de cette province, et dont le dernier du nom (3), chevalier des

(1) Excuses.

(2) Pour beaucoup de ces familles, voir Cᵗ Du Broc de Segange, *La noblesse militaire du Bourbonnais sous Louis XIV*, Moulins, 1898, in-8° ; et, sur la région de Montluçon, Perrot des Gozis, *Les Montluçonnais, 1490-1497*, dans les *Ann. bourbonnaises*.

(3) Bernard de la Guiche, comte de Saint-Gérand, dont l'enlèvement, au moment de sa naissance, en 1641, donna lieu à un long procès qui se termina par la reconnaissance de son état. Il mourut le 18 mars 1696. Quelques lettres de son père, Claude-Maximilien, ont été publiées dans les *Archives historiques du Bourbonnais*, t. 1, p. 242-245.

ordres du Roi, lieutenant général de ses armées, mourut subitement il y a un an, et n'a laissé qu'une fille; il possédait le château et la terre de la Palisse, de 7 à 8.000 l. de rente.

Le s. marquis de Tavannes (1), s. de Chevalrigon et du Mayet-de-Montagne, est l'aîné de la maison de Tavannes; ces terres valent 4.000 l. de rente; il a d'autres biens.

Le s. marquis de Montpéroux-Palatin de Dyo (2), ci-devant mestre de camp de cavalerie, et dont le s. de Saligny, son fils, l'est encore actuellement, possède les terres de Saligny et de Dornes, de valeur de 9.000 l. Il est un des héritiers de M^le la comtesse d'Allègre, veuve en premières noces de M. le marquis de Saligny (3), tué à Charenton (4)

(1) Jean de Saulx, marquis de Tavannes, né en 1644, époux d'Anne de Bourbon-Busset, fille de Jean-Louis et d'Hélène de La Queuille de Fleurat. Son fils, Nicolas, fut lieutenant aux gardes, puis se retira en Bourbonnais, où il mourut en 1706. (Voir Aubert de la Faige et R. de la Boutresse, *op. cit.*, t. 1, p. 103-104.)

Cheval-Rigon, dont il était seigneur, est aujourd'hui un fort hameau de la commune de Ferrières, dans l'Allier. Voir, aux archives du département (série G.), le dossier d'un procès entre le curé de Cheval-Rigon et lui, au sujet d'une fondation faite par le père du dit marquis de Tavannes (1696).

(2) Noël-Eléonor Palatin de Dyo-Montpéroux, époux de Marie-Elisabeth de Coligny-Saligny. En 1681, il avait échangé la terre de Dornes contre celle de Saligny qui appartenait à Gaspard de Coligny; ce dernier mourut en 1693, à Moulins, sous l'habit ecclésiastique, et fut inhumé à Saligny, à l'âge de 48 ans, après avoir servi en Hongrie sous les ordres de ce Jean de Coligny qui avait été envoyé contre les Turcs en 1664 pour se joindre à Montecuculli, et qui combattit au Saint-Gothard. (C^t Du Broc, *La noblesse militaire du Bourbonnais...*; — du même, *La famille et les deux seigneuries de Dorne*, Moulins, 1901, in-8°. — Arch. comm. de Saligny, GG. 1 et 2.)

(3) Gaspard-François de Coligny-Saligny, frère de Jean de Coligny, avait épousé Gilberte de Roquefeuil, qui se remaria avec le marquis d'Alègre; il en eut un fils et une fille. (Voir le testament de la marquise d'Alègre, en date du 6 mars 1699, Arch. de l'Allier, B. 747.)

L'état civil ancien de la commune de Saligny (Allier, arr. de Moulins, cant. de Dompierre) est riche en renseignements sur cette famille et ses alliances.

(4) 8 février 1649.

6

pendant les dernières guerres de Paris ; il est originaire de Bourgogne ; il a plusieurs terres de son chef ; celles-ci sont du chef de M^mo de Saligny, sa femme, qui était de Coligny.

Les sieurs de Chevigny, de Blot, du Vivier, de Saint-Agoulin et de Salles (1), dont les ancêtres ont fondé l'abbaye de Menat, sont une des plus illustres maisons de la province, alliés aux anciens sires de Bourbon, seigneurs de Saint-Pardoux, de Saint-Agoulin et de Saint-Gal, mais pas riches, si ce n'est le sieur Du Vivier, qui peut avoir 6.000 l. de rente ; ils sont tous originaires d'Auvergne, mais présentement établis dans cette province.

La dame de Busset (2), dame de Grandval, Vaux, Saint-Germain-en-Crespin, Busset, qui prend l'illustre nom de Bourbon, issue de Jean, évêque de Liège, de la maison de Bourbon, et dont ils ont été déclarés bâtards.

Les sieurs de Lingondais (3), de Châteaubodeau, de Saint-Bonnet-de-Rochefort et Fortunier, très ancienne famille mais peu accommodée, dont le sieur de Châteaubodeau, l'aîné, qui a été page du Roi, est brigadier de ses

(1) Tous membres de la très ancienne famille de Chauvigny, sur laquelle on consultera une étude du C^t Du Broc, *Les Chauvigny de Blot*, Moulins, 1900, in-8°, qui rectifie tous les travaux antérieurs.

(2) Magdeleine de Bermondet, fille d'un lieutenant général de l'artillerie ; elle avait épousé, en 1672, Louis de Bourbon, comte de Busset, qui occupa la même charge, et fut tué devant Fribourg en novembre 1677.

(3) Il s'agit ici : 1° De Gaspard, s. de Châteaubodeau, etc., époux d'Antoinette de Saint-Julien, qui fut colonel d'un régiment de cavalerie de son nom, servit avec valeur sous Louis XIV qui l'avait en estime particulière, et mourut en 1729.

2° De François, s. de Rochefort (paroisse de Saint-Bonnet-de-Rochefort), petit-cousin du précédent, fils de Louis Du Ligondès et de Magdeleine de La Rovère, qui épousa, en 1691, Françoise de La Batut de Rivière, et mourut en 1718, précédant sa femme de vingt années.

3° De Michel, s. de Fortunier, etc., officier au régiment de Ligondès, oncle à la mode de Bretagne du précédent, qui épousa Esther-Henriette Aubert de Courserac, fille d'un officier de marine.

armées et lieutenant général pour le Roi en Xaintonge ; il a sa terre de Châteaubodeau, de 3 à 4.000 l. de rente, et est le plus riche de tous.

Le s. Jannot de Bartillat (1), lieutenant général des armées de S. M., à cause de sa terre de l'Age, près de Montluçon, fils de M. Jannot de Bartillat, garde du trésor royal, originaire de Montluçon.

Le s. Chary des Gouttes (2), dont la famille a produit des capitaines de vaisseau et un lieutenant général des armées navales de S. M.

Le s. de La Mothe-Guillaud (3), colonel d'un régiment d'infanterie, dont le père, quoique d'une naissance assez

(1) Nicolas Jehannot, dit le marquis de Bartillat, mestre de camp d'un régiment de cavalerie de son nom, gouverneur de Rocroy, marié, en 1665, à Anne-Louise Habert. Il était fils d'Etienne Jehannot de Bartillat, mort en 1702, âgé de 93 ans, après avoir été trésorier général et secrétaire ordinaire d'Anne d'Autriche, garde du trésor royal, et de Catherine Lucas.

(2) François de Charry des Gouttes, seigneur du dit lieu des Gouttes (Allier, arr. de la Palisse, commune de Thionne), Deux-Villes, le Charnay, etc., époux de Jeanne Du Buysson d'abord, puis d'Anne-Françoise de Coubladoux, originaire du Velay ; ou bien son fils, Antoine, officier des vaisseaux du roi, qui, en 1680, épousa la fille de Charles Guillaud de la Motte. (Aubert de la Faige et R. de la Boutresse, *op. cit.*, t. 1, p. 389 et suiv. — Arch. de l'Allier, B. 746). — Allié de très près à M. le marquis de Quincize. (Note du ms. Philipps.)

(3) Eléonor-Clément Guillaud, comte de la Motte, fils de Charles Guillaud et de Marie-Gabrielle de Marmande, dame d'honneur de la princesse de Condé. Il allait être, en 1700, lieutenant du roi en Bourbonnais, avec le château de Moulins pour résidence. Il était mort dès 1718, après avoir épousé Françoise de Quatrebarbes, d'une très ancienne famille de l'Anjou. Son père, Charles, avait obtenu, en septembre 1677, des lettres de noblesse, en récompense de trente-six années de services militaires. (Marquis de Beauchesne, *Le château du Coudray*, Laval, 1903, in-8°.) Eléonor-Clément eut, avec les religieux de l'hospice de Gayette (Allier, arr. de la Palisse, cant. de Varennes, commune de Montoldre), un long procès au sujet des droits d'usage sur la forêt de Voudelle, procès qui dura une grande partie du XVIIIe siècle. (Arch. de Gayette.)

obscure, était d'une vertu si distinguée que S. M. le fit lieutenant général de ses armées en Catalogne, et a passé pour un des meilleurs officiers de son temps ; il est seigneur des terres de Boucé, Jaligny, La Mothe, Tréteaux, de 10.000 l. de rente.

Outre les familles principales originaires du pays, voici ceux qui y possèdent les principales terres, sans en être :

M. le Prince [est] engagiste du duché de Bourbonnais, consistant dans dix-sept châtellenies, savoir : de Moulins, Belleperche (1), Montluçon, Verneuil, Hérisson, Ainay, Souvigny, Bourbon, Bourg-le-Comte (2), Cérilly, Ussel (3), la Bruyère (4), la Chaussière (5), Chantelle, Bessay (6), Riousse (7) et le parc de Chevagnes (8), avec les droits de nomination, présentation des offices ordinaires et extraordinaires et des bénéfices dont jouissait la feue Reine mère, à la réserve des bois de haute futaie, par contrat d'échange du 26 février 1661, par lequel M. le Prince a cédé au Roi, en échange du [dit] duché, le duché et pairie d'Albret que possédait M. le Prince, son père, à titre d'engagement, la baronnie de Durance, les hautes, moyennes et basses justices de Nogaro, Barcelonne, Riscles, Plaisance, Aignan et consulat du Bas Armagnac ; et, par ce que le remboursement des terres cédées par M. le Prince était évalué à

(1) Allier, arr. de Moulins, cant. de Moulins-Ouest, commune de Bagneux.

(2) Saône-et-Loire, arr. de Charolles, cant. de Marcigny.

(3) Allier, arr. de Gannat, cant. de Chantelle.

(4) La Bruyère-l'Aubespin, Allier, arr. de Montluçon, cant. de Cérilly.

(5) Allier, arr. de Moulins, cant. de Bourbon-l'Archambault, commune de Vieure.

(6) *Ibid.*, cant. de Neuilly-le-Réal.

(7) Nièvre, arr. de Nevers, cant. de Saint-Pierre-le-Moûtier, commune de Livry.

(8) Allier, arr. de Moulins. — Voir A. Vayssière, *Les parcs de Beaumanoir-lez-Moulins et de Chevagnes, et les autres résidences ducales du Bourbonnais*, dans les *Arch. hist. du Bourbonnais*, t. III, p. 244 et suiv.

508.686 l., dont le revenu est fixé à 49.828 l. 3 s., et que le duché de Bourbonnais n'était d'aucun revenu, étant vérifié que les charges étaient plus fortes que la recette de 83 l. 10 s., les commissaires du Roi cédèrent en son nom à M. le Prince la nomination aux offices de la généralité de Moulins, à la réserve de la Haute et Basse Marche, pour 25.070 l. 17 s. 9 d. de rente, et, pour le surplus montant à 24.857 l. 5 s. 11 d., les dits commissaires cédèrent le double sur les entrées de Paris, le dit double montant à 49.514 l. 11 s. 6 d., jusqu'à ce que S. M. ait remboursé entièrement les dits 508.686 l. (1).

Mme la duchesse douairière de Ventadour (2) possède la terre de Saint-Gérand-de-Vaux, à quatre lieues de Moulins ; cette terre est considérable et peut valoir 8.000 l. ; elle a encore la terre de Chitaing, de 4.000 l.

Mme la maréchale d'Humières (3) a celle de Châtel-Montagne, de valeur de 8.500 l.

M. de Châteaumorant (4), gendre de M. le comte de Charlus, et de la même maison de Lévy, y possède aussi les paroisses du Breuil, Saint-Pierre-de-Laval, et autres

---

(1) Tout ceci n'est qu'un résumé de Florent d'Argouges. (Cf. éd. Vayssière, p. 10 et 11.)

(2) Marie de La Guiche, fille de Jean-François, s. de Saint-Gérand. Elle mourut le 23 juillet 1701, à 78 ans, après avoir épousé Charles de Lévy, duc de Ventadour.

Sur Chitaing (Allier, arr. de la Palisse, commune de Saint-Christophe), voir Aubert de la Faige et R. de la Boutresse, *op. cit.*, p. 204, et A. Bletterie, *Monographie de Saint-Christophe*, Cusset, 1889, in-8°.

(3) Louise-Antoinette-Thérèse de La Châtre, fille d'Edme et de Françoise de Cugnac et, par cette dernière, petite-fille de Gabrielle Popillon. Elle était veuve, depuis 1694, de Louis de Crevant, duc d'Humières, fait maréchal de France en 1666.

(4) Philippe-François-Eléazar de Lévy, marquis de Châteaumorand, avait épousé, en 1692, Marie de Lévy, fille de Charles-Antoine-François, comte de Charlus. Cf. p. 75. Allié au marquis de Quincize. (Note du ms. Philipps.)

terres qui composent le corps de la terre de Châteaumorant, dont le château est néanmoins assis dans le Forez, de 15.000 l. de revenu.

Mme la chancelière Le Tellier (1) possède les terres de la Chapelette, de Viplaix.

Le s. marquis de Clérambault, ou M. le duc de Luxembourg, son gendre, possède la terre de Bellenave (2), de 8.500 l., et est engagiste de la châtellenie de Billy, de 2.000 l.

La dame de La Fayette (3), veuve de M. de La Fayette, colonel du régiment de la Fère, [possède] la terre de Nades, Vauzelle, Espinasse, près Gannat, de 6 à 7.000 l.

M. le comte de Saint-Hérem (4), gouverneur de Fontainebleau, a la terre de Saint-Gervais, Charbonnières-les-Vieilles ; originaire d'Auvergne.

Le s. de Montmorin (5), son neveu, a la terre de Jenzat, de 3.000 l.

(1) Elisabeth Turpin, fille de Jean, conseiller d'Etat, femme de Michel Le Tellier ; elle allait mourir le 28 novembre 1698, âgée de 90 ans. Elle était la mère de Louvois.

(2) En 1680, Bellenaves était possédé par René Gillier, marquis de Clérambault. Charles-François-Frédéric de Montmorency-Luxembourg, duc de Piney, etc., lieutenant-général, gouverneur de Normandie, mourut à 65 ans, en 1726 ; il avait épousé, après la mort de sa première femme, la fille de René Gillier, marquis de Clérambault, et de Marie Le Loup de Bellenaves, dame de Bellenaves, Billy, Varennes, etc. (1696).

(3) Anne-Magdeleine de Marillac, qui avait épousé, le 18 février 1694, René-Armand de La Fayette. (Arch. de l'Allier, B. 746.)

(4) François-Gaspard de Montmorin, s. de Saint-Hérem, qui fut également grand louvetier de France et mourut en 1701, après avoir épousé Anne Le Gras, fille d'un intendant de la maison de la reine. (Bouillet, *Nobiliaire d'Auvergne*, t. IV, p. 291.)

(5) Gaspard-Joseph de Montmorin, fils d'Edouard et de Marie de Champfeu, épousa, le 16 février 1684, Louise-Françoise de Bigny, fille de Louis, comte d'Ainay-le-Vieil, etc., et d'Elisabeth de Châteaubodeau. (Arch. de l'Allier, B. 746.) Sa femme mourut en 1700, après quoi il embrassa l'état ecclésiastique et fut évêque d'Aire ; il mourut en 1723.

Le s. comte de Saint-Germain (1), de la famille d'Apchon, sénéchal de Riom, illustre sous Henri II par le maréchal de Saint-André, a la terre de Charmeil, de 1.500 l.

Le s. comte de Chalmazel (2), originaire de Bourgogne, lieutenant-colonel du régiment de Picardie, a la terre de Saint-Germain-en-Molles et Abrêt, de valeur de 2.000 l. de revenu.

Le s. comte de Foudras (3), [a] le château et la terre de Saint-Germain-de-la-Garde, de 3 à 4.000 l. de rente.

Le s. marquis de Châteaugay (4) a Vendat et Noailly, de 6.000 l.; il est de la maison de la Queuille, originaire d'Auvergne.

Le s. marquis d'Antin (5) possède la seigneurie et la châtellenie de Murat qui vaut 3 ou 4.000 l. de rente, par engagement du 13 août 1645.

Le s. marquis d'Effiat (6) possède les châtellenies de

(1) Henri de Saint-Germain-d'Apchon, époux de Catherine-Silvie de Bigny, descendait de Marguerite d'Albon, sœur du maréchal de Saint-André.

(2) Sans doute Claude-Gabriel de Talaru, comte de Chalmazel, seigneur du Chaussin et de Montpéroux, qui mourut à Toulon en 1716. (Abbé Peynot, *Saint-Yorre à travers les siècles ; généalogie des sires du Chaussin*, Moulins, 1904, in-8°. — A. Bletterie, *Les châteaux du Chaussin et de Montpéroux...*, La Palisse, 1897, in-8°.)

(3) François de Foudras, chanoine-comte de Lyon, était alors seigneur de Saint-Germain-des-Fossés, terre à laquelle on donnait parfois le nom de Saint-Germain-de-la-Garde. (Cf. Florent d'Argouges, éd. Vayssière, p. 154.) Il vendit cette terre, en 1715, à Antoine Crozat, marquis de Mouy. (Aubert de la Faige et R. de la Boutresse, *op. cit.*, t. I, p. 189.) Allié au marquis de Quincize. (Note du ms. Philipps.)

(4) Gilbert de la Queuille, marquis de Châteaugay.

(5) Louis-Antoine de Pardaillan de Gondrin, marquis, puis, en 1711, duc d'Antin, fils de Louis-Henri et de Françoise de Rochechouart, morte aux eaux de Bourbon le 27 mai 1707. (Arch. commun. de Bourbon-l'Archambault, registres paroissiaux de l'église Saint-Georges, GG. 9). Il épousa lui-même la fille d'Emmanuel de Crussol, duc d'Uzès, en 1686.

(6) Martin Coiffier, marquis d'Effiat, était fils d'Antoine, maréchal

Gannat et Vichy, comme étant au lieu de Mme la princesse
de Conti, par échange des terres et seigneuries de Châ-
teau-Regnauld, Longchamps et autres, par contrat du
10 mars 1629, et M. le maréchal d'Effiat les a acquises de
Mme la princesse de Conti par contrat du 2 janvier 1630.

Quartiers d'hiver

Pendant la dernière guerre, il a plu au Roi d'envoyer,
tous les hivers, deux régiments de cavalerie ou de dragons,
lesquels ont été de beaucoup moins à charge aux peuples
depuis qu'on a fait caserner tant les officiers que leurs
cavaliers ou dragons ; ils ont été logés dans les villes de
Bourbon, Hérisson, Montluçon, Charroux et Chantelle,
dans les bourgs du Donjon, de Buxière (1), de Beaune (2)
et de Néris.

Gouvernement militaire du Nivernais, noblesse et terres de dignités

M. le duc de Nevers est gouverneur du Nivernais (3) et
possède le duché en propriété qui valait autrefois 70.000 l.,
mais il ne vaut pas à présent 50.000 l.; il y a 150 fiefs
qui en relèvent. Il ne réside presque point dans la province ;
quand il y est, il néglige entièrement les fonctions de
gouverneur général qu'il renvoie volontiers au sieur comte

d'Effiat, cité plus bas. Il épousa Isabelle d'Escoubleau de Sourdis et
en eut un fils, le dernier de sa branche, Antoine, qui fut bailli et gouverneur de Montargis.

(1) Buxière-la-Grue, commune du cant. de Bourbon-l'Archambault
(Allier, arr. de Moulins), depuis peu appelée Buxière-les-Mines.

(2) Allier, arr. de Montluçon, cant. de Montmarault.

(3) Pour beaucoup de familles du Nivernais, voir Abbé Baudiau, *Le
Morvan*, et J. de Sornay (comte de Soultrait), *Epigraphie héraldique de
la Nièvre*, Angers, 1883, gr. in-8°.

de Busseaux (1), lieutenant du Roi de la province et le seul
en état d'agir par la mort de M. le marquis de Vieuxbourg (2), lieutenant général de la province, qui fut tué au
dernier siège de Namur, et dont la charge n'est pas encore
remplie. M. le duc de Nevers n'est pas aussi respecté ni
craint comme sa qualité et son caractère le désirent ; cela
vient de ce que sur les lieux il ne se communique presque
pas à personne, soit par fierté, mélancolie ou ménage (3) ; on
sait cependant qu'il a infiniment d'esprit et de belles lettres.

M. le comte de Busseaux, lieutenant du Roi de la
nouvelle création de ces charges, est d'une très ancienne et
bonne maison. Il est riche, sans enfants, et a une fort belle
terre appelée Vesvres. Il est parfaitement homme de bien,
mais si facile et si peu expérimenté dans les affaires que
l'on peut dire que cette charge ne lui convient point, ni au
service du Roi ; cela s'est pu remarquer principalement
dans la convocation du ban, que sa trop grande facilité a
toujours rendu trop faible et trop mauvais.

Il n'y a point de subdélégué en titre de MM. les maréchaux
de France dans cette province ; cet office n'y a point été levé
et s'est exercé jusqu'ici par le s. Du Tremblay (4).

(1) Anne-Henry d'Armes, comte de Busseaux, qui mourut dans les
premières années du xviii⁰ siècle, sans laisser d'enfants d'Yvonne-
Ursule de Pracomtal ; qualifié, en 1681, « capitaine-lieutenant de la
colonelle générale de France » (Arch. de la Nièvre, B. 406). Allié au
marquis de Quincize. (Note du ms. Phillips.)

(2) Louis Ravan de Vielbourg (ou Vieuxbourg), d'une famille originaire
du Berry, marquis de Myennes (Nièvre, arr. et cant. de Cosne) ; colonel
du régiment de Beauvaisis, il fut, en effet, tué en 1692, à Namur, âgé
de 28 ans, ne laissant pas d'enfants de sa femme, Françoise de Harlay.

(3) Son penchant pour l'économie « tenait beaucoup de l'avarice dont
les Italiens sont grandement susceptibles, quoiqu'il fût en France dès
sa plus tendre jeunesse, où le cardinal Mazarin, son oncle, l'avait fait
venir de Rome ». (Ms. Philipps.)

(4) Louis de Reugny, comte du Tremblay, en Morvan, qui fut marié,
une première fois, à François de Cossaye, et une seconde, en 1688, à

Il y a des offices de milice bourgeoise dans Nevers ainsi qu'à Moulins et dans les autres petites villes.

Il y a un prévôt provincial à Nevers, le s. Gascoing (1); il est fort riche mais fort intéressé. Au lieu de faire sa charge, il s'est fait donner une commission de commissaire des guerres qu'il exerce et ne réside plus à Nevers; cela est très contraire au bien du service. Il a un fils qu'il destine mettre en sa place, ce qui est fort à désirer. Sa compagnie est composée d'un lieutenant, un assesseur et dix-sept archers qui sont en bon état.

Cette province a fourni quatre compagnies de milice pour son contingent du régiment de milice de cette généralité. A l'égard du ban, il s'est toujours divisé en deux corps: l'un a été celui du bailliage de Saint-Pierre-le-Moûtier, dont M. Foullé de Martangis (2) est le sénéchal; et le lieutenant général du dit bailliage et le procureur du Roi font, chaque année, la convocation de trente gentilshommes qui élisent leur commandant et leurs officiers; et le lieutenant général du bailliage et pairie de Nevers est toujours aussi maintenu dans la possession de convoquer le ban des gentilshommes du ressort du bailliage et pairie, au nombre de quarante, qui ont aussi nommé leur commandant et leurs officiers; mais ils (3) ont toujours marché ensemble, et les comman-

Magdeleine Garnier, fille de Jean, trésorier de France à Moulins, seigneur d'Avrilly (commune de Trevol), était fils de Georges de Reugny, mestre de camp de cavalerie. Allié de très près au marquis de Quincize. (Note du ms. Philipps.) Cf. p. 94.

(1) Gilbert Gascoing, s. de Bernay et de Nantin, qui avait épousé sa cousine, Françoise Gascoing, était fils de François et de Marie de Challudet. Son fils, Louis-Anne, se maria avec Françoise-Marie de Margat. Allié au marquis de Quincize. (Note du ms. Philipps.)

(2) Hyacinthe-Guillaume Foullé de Martangy fut également ambassadeur en Danemark.

(3) Ces deux corps, celui de Saint-Pierre-le-Moûtier et celui de Nevers.

dants ont commandé toute la compagnie réunie ensemble, alternativement et chacun leur jour.

Voici les principaux et les plus qualifiés de toute cette noblesse originaire du pays.

Le s. comte de Crux (1), de la maison de Damas, l'une des plus anciennes et illustres de la province, seigneur de Crux la ville et le château, et de Saint-Parise ; son fils, le marquis de Crux, est capitaine de cavalerie.

Le s. comte d'Anlezy (2), seigneur d'Anlezy, Fleury-la-Tour, mestre de camp de cavalerie.

M. le cardinal d'Arquien (3), seigneur d'Imphy.

Le s. marquis de Langeron (4), lieutenant général des armées navales de S. M., seigneur de Langeron, Cougny, Bazolle, la Coulancelle, neveu de feu M. le comte de Langeron, mort maréchal de camp.

(1) Antoine-Louis de Damas, comte de Crux, époux de Marie-Anne Coutier.

(2) Louis-Antoine Erard, comte d'Anlezy, qui devint maréchal des camps et armées du roi, commandeur de l'ordre militaire de Saint-Louis, épousa, le 19 janvier 1701, Marie-Elisabeth de Dyo-Montpéroux, étant seulement encore colonel d'un régiment de cavalerie. Il était fils de Nicolas-François, enseigne des gardes de la reine, et de Marguerite-Agnès de Tiercelin de Rancé. La sœur de sa femme avait épousé, le 2 août de la même année, Roger de Langeac, marquis de Coligny. (Voir les registres paroissiaux de la commune de Saligny, dans l'Allier.)

(3) Henri de La Grange, marquis d'Arquien, fils d'Antoine et d'Anne d'Ancienville. Il fut capitaine des gardes suisses, embrassa l'état ecclésiastique à la mort de sa femme, obtint en 1695 le chapeau de cardinal et mourut à Rome en 1707. Une de ses filles, Marie-Casimire, épousa en secondes noces Jean Sobieski, élu roi de Pologne en 1674, revint en France en 1714 et mourut à Blois deux ans après ; une autre, Jeanne, était ursuline à Nevers. (Voir, dans le *Bull. de la Soc. nivern.*, 1894, p. 120 et suiv., la description de plusieurs médailles représentant Marie-Casimire et le cardinal. — Voir également, *ibid.*, 1895, p. 252 et suiv., des fragments de la correspondance de Marie-Casimire avec son père et son frère, tirés des archives du château des Bordes, en Nivernais.)

(4) Joseph Andrault, marquis de Langeron, fils de Philippe Andrault. Langeron appartenait aux Andrault depuis 1450. (Arch. de l'Allier, E. 227.)

Le s. de Roffignac (1) dont les terres ont été vendues par décret, mais une des plus anciennes maisons de Nivernais.

Le marquis de Thianges (2), dont est sortie Mme la duchesse de Nevers; cette maison est de Damas.

Le s. comte de Druy (3), maréchal des camps et armées de S. M., lieutenant des gardes du corps, seigneur de Druy, Saint-Oing (4), Béard, Sougy et Mornay.

Le s. comte de Chevigny-Choiseul (5), qui a eu des maréchaux de France et un cordon bleu actuellement dans sa maison et prétend être descendu en ligne directe d'Alix de Dreux, petite-fille de Louis le Gros, et qui est aujourd'hui élu et député de la noblesse de Bourgogne aux Etats de Bourgogne. Il a épousé une fille du baron de La Rivière (6), d'une ancienne et illustre maison du Nivernais, dont il a huit enfants, six fils et deux filles; l'aîné est mestre de camp du régiment de la Reine, le second capitaine au régiment, le troisième sous-lieutenant d'infanterie dans le régiment du Roi et aide de camp de M. de Choiseul, un autre chanoine, comte de Lyon, deux chevaliers de Malte, une fille mariée au marquis de Tavannes et l'autre religieuse. Il est seigneur de Chassy et autres terres, de 4.000 l. de revenu, dans le Nivernais, où il demeure; il a d'autres terres en Bourgogne, pour lesquelles il a été élu de la noblesse.

(1) François de Roffignac, qui avait en Nivernais des terres importantes: Meauce, Trémigny, etc. (Cf. *Bull. de la Soc. nivern.*, t. IV, p. 268 et suiv.)

(2) Claude-Léonor de Damas, marquis de Thianges, mestre de camp de cavalerie, eut, de Gabrielle de Rochechouart, une fille, Diane-Gabrielle, qui, en 1670, épousa en effet le duc de Nevers.

(3) François-Eustache Marion, comte de Druy, s. de Saint-Ouen, etc., époux de Marie Cassandre, fils de Charles de Montsaulnin-Montal.

(4) Saint-Ouen, Nièvre, commune du cant. de Decize.

(5) François de Choiseul était fils de Jacques et de Magdeleine de Malain.

(6) Allié au marquis de Quincize, ainsi que tous les précédents, sauf M. de Roffignac. (Notes du ms. Philipps.)

Le s. marquis de Choiseul (1), de la même maison, ci-devant page du Roi, capitaine de cavalerie au régiment royal de Piémont, seigneur de Montsauge et Argoulais.

Le s. de Choiseul, seigneur de Villars.

Le s. marquis de La Tournelle (2), gouverneur de Gravelines, ci-devant capitaine aux gardes, seigneur de La Tournelle, de 30.000 l. de rente ; cette terre autrefois n'en valait pas 6.000, mais le feu s. marquis de La Tournelle, le père, trouva l'invention de faire flotter le bois sur l'Yonne et a fait de sa terre la meilleure du pays.

Le s. de Montal (3), lieutenant général des armées de S. M., mort depuis peu et si connu par sa valeur et ses grands services, était de la maison de Montsaulnin, bonne et ancienne du Nivernais, dont la fille a épousé M. le comte de Druy, et le fils mort a laissé un fils ci-devant page du Roi et à présent mousquetaire. Il était seigneur de Saint-Brisson en Morvant, considérable par la coupe de ses bois de 50.000 l. de vingt ans en vingt ans.

Le s. de Vauban (4), lieutenant général des armées de S. M., si fameux par tant de places prises, fortifiées et

(1) Sans doute Jean-Edme de Choiseul, époux de Marie-Catherine de Beaumont, mort en 1728 ; il était fils d'Antoine, que l'on voit en 1681 gouverneur de Château-Chinon et qui devait être mort en 1697. Montsauche est une commune de l'arr. de Château-Chinon (Nièvre).

(2) C'est un des fils de Charles de La Tournelle, dont il est parlé quelques lignes plus bas, et de Marie de Brachet. D'après l'abbé Baudiau, dans son histoire du Morvan, ce serait Nicolas-François, époux de Anne-Marie Le Vayer. On trouve mention en 1702, aux Archives de la Nièvre (B. 552), de Anne-Polixène d'Arville de Palloiseau, veuve de messire Roger de La Tournelle, frère cadet de Nicolas-François.

(3) Charles de Montsaulnin, comte de Montal, époux de Gabrielle de Solages, était en effet mort à Dunkerque le 8 septembre 1696 avec le grade de lieutenant général. Allié au marquis de Quincize. (Note du ms. Philipps.)

(4) Vauban venait d'être blessé au siège d'Ath, à la fin de la guerre de la ligue d'Augsbourg (1697).

défendues sous ses ordres, seigneur de Bazoches, Guipy et Epiry.

Le s. comte de Villebertin (1), de la maison de Mesgrigny, gendre du dit s. de Vauban, seigneur d'Osnay, qui vaut 7 à 8.000 l. de rente.

Les enfants du feu s. comte de La Roche-Milay (2), seigneur de la Roche-Milay, d'une très grande étendue et d'un revenu considérable.

Le s. Dupré (3), major des carabiniers, seigneur de Guipy dans le Morvant.

Le s. Du Tremblay (4), subdélégué de MM. les maréchaux de France et commissaire du Roi pour la répartition de la capitation sur la noblesse, est d'une très ancienne noblesse.

Le s. baron de Joux (5) est aussi d'une très ancienne noblesse.

La dame marquise d'Espouesses (6), dame des Bordes et

(1) Jacques-Louis de Mesgrigny, comte d'Aunay-en-Bazois et de Villebertin, avait épousé en 1679 Charlotte Le Prestre de Vauban, fille du maréchal.

(2) Joseph de La Roche-Milay laissa deux fils, Henri-Anne, marquis de Laché, et François, comte de La Roche-Milay, guidon des gendarmes de la reine.

(3) Joseph-René Du Pré, chevalier de Saint-Louis, époux de dame Renée Buffot. (Cf. Arch. de la Nièvre, B. 26.)

(4) Cf. p. 90. Allié au marquis de Quincize, ainsi que les précédents. (Note du ms. Philipps.)

(5) Louis de Rémigny, baron de Joux, fils de Paul-Léonard et de Marguerite Savary de Brèves.

(6) Germaine-Louise d'Ancienville, dame des Bordes et marquise d'Epoisses, femme d'Achille de La Grange, comte de Maligny, son cousin, était en effet tante par alliance de Marie-Casimire, femme de Jean III de Pologne. (Voir G. Gauthier, *Deux donations faites au couvent de la Visitation Sainte-Marie de Nevers au XVIIe siècle*, dans le *Bull. de la Soc. nivern.*, 1899, p. 18 et suiv.) La dame des Bordes fut inhumée dans la sépulture des religieuses de la Visitation et son épitaphe retrouvée il y a peu de temps par M. de Flamare (*ibid.* 1904, p. 308-311).

autres terres considérables, d'une famille illustre et tante de la reine de Pologne.

Il y a les sieurs de Lantilly (1), de la maison de Torcy; de Villemoulins (2), de la maison de Certaine où il y a actuellement des chevaliers et commandeurs de l'ordre de Malte; de Brinay (3), de Bard (4) et d'Arcy (5).

Outre cette noblesse originaire du pays, il y a des terres possédées par de grands seigneurs: la terre et comté de Château-Chinon, dont cette ville est la capitale du Morvant, possédée aujourd'hui par MM. les princes de Soissons et de Carignan (6): elle ne vaut que 10.000 l., y compris la coupe des bois de 8.000 l. par an, mais la féodalité est très considérable; les terres de la Tournelle, d'Osnay (7), du Montal et toute l'élection de Château-Chinon en relèvent. Le s. marquis de Givry (8) possède aussi la terre de Van-

(1) Pierre de Torcy, s. de Lantilly, avait épousé sa cousine Marie-Françoise de Rémigny, fille du baron de Joux; tous les deux vivaient encore en 1695. (Arch. de la Nièvre, B. 547.)

(2) Louis de Certaine, s. de Villemoulins, fils d'Edme, mort à cette date, et de Marie Pitois de Quincize, veuve de Michel de Torcy de Lantilly. (Cf. Arch. de la Nièvre, B. 276.)

(3) « Cousin-germain du marquis de Quincise; son nom: Bréchard de Brinay; allié au sang de Bourbon; a été général des galères de Malthe. » (Note du ms. Philipps.) Il avait épousé Françoise de Champs.

(4) Henri-Louis de Bar, s. de Limanton, mari de Jeanne de Las. Allié au marquis de Quincize. (Ms. Philipps.)

(5) Hector-François d'Aulnay, comte d'Arcy, baron de Digoine.

(6) Ce dernier la vendit en mars 1713 à M. de Mascrany, « moyennant la somme de 325.000 l. Elle était affermée au s. Tépénier, marchand de bois, 11.500 l.; le bail a été résilié de son consentement, au moyen de quoy et du dédommagement qui lui a été donné, M. Mascrany en jouit, n'étant pas dans le dessein de l'affermer ». (Ms. Philipps.)

(7) Aunay-en-Bazois, Nièvre, arr. de Château-Chinon, cant. de Châtillon.

(8) Louis-Thomas Du Bois de Fiennes, qui ne se maria qu'en 1715 avec Marie Voisin, fut d'abord connu sous le nom de marquis de Givry. Colonel du régiment de son nom en 1700, il mourut devant Egra en 1742, avec le grade de lieutenant général.

denesse avec les annexes, très considérable par ses anciens bois de haute futaie et ses revenus. Le s. marquis de Saint-André-Montbrun (1) possède de grands biens dans le Nivernais où il est seigneur de douze ou quinze paroisses.

Quartiers d'hiver

Les petites villes de Decize, Moulins-Engilbert, Prémery et les bourgs de Cercy-la-Tour, Châtillon-en-Bazois (2), Lurcy-le-Bourg (3).

Gouvernement militaire de la Marche, noblesse et terres de dignités

M. le marquis de Saint-Germain-Beaupré est gouverneur de la Haute et Basse Marche (4) ; il est de la maison de Foucauld. Louis de Foucauld, cadet de sa maison, comte de Dougnon, vice-amiral de France, gouverneur de Brouage, fut fait maréchal de France en 1653 ; il mourut en 1659 ; son [frère] aîné fut honoré du gouvernement de la Haute et Basse Marche, et M. le marquis de Saint-Germain-Beaupré, son fils, brigadier des armées de S. M. et ci-devant enseigne des gardes du Roi, le possède aujour-

(1) Un Alexandre Du Puy, marquis de Saint-André, mourut à la Nocle en 1674 à la suite de blessures reçues en défendant Candie contre les Turcs. Une de ses filles épousa son cousin Jacques Du Puy, marquis de Montbrun, qui est sans doute le personnage dont parle M. Le Vayer.

(2) Le ms. Philipps ajoute ici que cette terre appartenait au marquis de Soumeldic, gentilhomme protestant, qui la revendit à la marquise de Béthune, fille du fermier général Martin, pour 135.000 l.

(3) Nièvre, arr. de Cosne, cant. de Prémery.

(4) Cf. A. Tardieu, *Grand dictionnaire historique, généalogique et biographique de la Haute-Marche*, 1894, in-4°; et aussi, Armand de La Porte, *Armorial des gentilshommes électeurs de la Marche en 1789*, dans les *Mém. de la Soc. des sciences nat. et archéol. de la Creuse*, 1873, p. 303-324.

d'hui avec le marquisat de Saint-Germain-Beaupré, la terre de Dun et autres annexes de 30.000 l. de rente ; il est fort aimé et respecté dans son gouvernement et il est aussi très accueillant, honnête à tout le monde, libéral et traitant ses vassaux avec justice et modération (1).

M. le marquis de Lostanges (2) est lieutenant général

(1) La notice de M. Le Vayer sur cette famille est si peu claire qu'elle peut donner matière à confusion. Couturier de Fournoue la rectifia en note du manuscrit qu'il eut entre les mains. Le gouverneur de la Marche, au moment où écrivait notre intendant, était Louis Foucauld, comte du Dognon, marquis de Saint-Germain-Beaupré, et fils de Henry Foucauld, qui avait été lui-même pourvu en 1630 du gouvernement de la Marche, qui mourut le 11 septembre 1678 et pour lequel la terre de Saint-Germain fut érigée en marquisat. Henry Foucauld, né de Gabriel Foucauld, également gouverneur de la Marche, et de Jeanne Poussard du Vigean, avait des frères plus jeunes que lui : l'un, Louis, que Le Vayer dit bien avoir été gouverneur de Brouage et maréchal de France (cf. G. Berthomier, *Louis Foucauld,... vice-amiral et maréchal de France, 1616-1659*, Montluçon, 1890, in-8°) ; un autre, Charles, qui fut abbé de Bé... ...nt.

Notre Louis Foucauld, gouverneur de la Marche au temps de Le Vayer, fut d'abord enseigne des gardes du corps, fit la camp. de Flandre en 1667, la guerre de Hollande en 1672, puis celle du Palatinat. Brigadier général des armées du roi, il reçut, en avril 1674, des lettres de provision de la charge de gouverneur de la Marche, dont il se démit plus tard, en 1711, au profit de son fils Armand-Louis-François. Voir le procès-verbal d'installation de ce dernier (1715), extrait des registres du greffe de la sénéchaussée de la Marche et qui contient de nombreux détails sur la famille. (P. p. A. Bosvieux, dans les *Mém. de la Soc. des sciences nat. et archéol. de la Creuse*, 1856, p. 312-328.) Ce document dit sur Louis Foucauld : « Monsieur le marquis de Saint-Germain... parut à la cour dans sa première jeunesse, avec tous les charmes d'un seigneur parfaitement bien fait de sa personne, d'une très belle éducation, modeste, civil, bienfaisant et bien éloigné de certaines manières qu'on a trouvé à redire depuis dans plusieurs jeunes gens de la cour ;... la droiture de son cœur et cette exacte probité dont il a toujours fait profession luy attirèrent dès lors et luy ont continué depuis l'estime et l'amitié solide de tout ce qu'il y a eu de grand et de distingué dans le célèbre règne qui vient de finir. » (Discours prononcé par le procureur du roi le 29 octobre 1715.)

(2) Cf. Cosnac (de), *Lettre contenant des renseignements généalogiques sur la famille de Lostanges*, dans le *Bulletin de la Société des lettres de la Corrèze*, 1879, t. I, p. 134.

7

pour le Roi ; son père fut tué à Mons, il était enseigne des gardes du corps et un très bon officier.

M. le marquis de Saint-Maixent et de la Farge (1), exempt des gardes du corps, est lieutenant de Roi ; il est d'une branche séparée depuis plus de quatre cents ans des comtes de La Roche-Aymond dont il sera parlé ci-après.

Le s. de Mérigot de Sainte-Feyre et de la Tour (2), décédé depuis peu, lieutenant aux gardes, était bailli et sénéchal de la Haute Marche.

Il n'y a point de subdélégué en titre de MM. les maréchaux de France, mais le s. comte de Saint-Julien des Farges-Peyrudet (3) l'exerce par commission, avec une estime et approbation générale de la noblesse ; il a été page de la chambre, capitaine de chevau-légers et a commandé avec grande distinction plusieurs fois le ban de la noblesse et même celui de l'année dernière. Son père, lieutenant-colonel du régiment de Bellenave, fut tué à la bataille de Nordlingen. Il est allié des maisons d'Aubusson, de Pérusse et de La Roche-Aymond.

Comme toutes les villes de la Haute Marche sont peu considérables, il n'y a point de colonels ni de majors de milice bourgeoise, mais seulement des capitaines et lieutenants.

Il y a une vice-sénéchaussée (4) ; le vice-sénéchal est le

(1) Gilbert de La Roche-Aymon, marquis de Saint-Maixent, époux de Marie de Lauzanne, ne vivait plus en 1703.

(2) Gabriel Mérigot, marié en 1660 à Marie Du Rieux, laissa sa charge de sénéchal à son fils François. La Tour-Saint-Austrille, dont il était seigneur, est aujourd'hui une commune de la Creuse, arr. d'Aubusson, cant. de Chénerailles. Allié au marquis de Quincize. (Note du ms. Philipps.)

(3) Jean-Marie-Pierre de Saint-Julien, comte de Peyrudette, s. des Farges et du Breuil, avait épousé sa cousine, Antoinette de Saint-Julien. Il laissa pour héritière sa sœur, femme de Gaspard Du Ligondès, s. de Châteaubodeau, brigadier des armées du roi.

(4) La vice-sénéchaussée de Guéret allait être supprimée en 1713. Son ressort s'étendait sur toute la Marche, le Franc-Alleu et le pays de Combraille.

s. Plantadis de Seiglière (1), dont le père a possédé cette charge ; il était au commencement fort vif, alerte et toujours prêt à monter à cheval, mais il s'était si fort relâché sur l'exécution des ordres du Roi qu'il a été depuis peu interdit des fonctions de sa charge ; il a sous lui un lieutenant, un assesseur, un procureur du Roi, un greffier, un commissaire aux montres et dix archers. La compagnie est ordinairement en très bon ordre, mais son ressort est d'une grande étendue, c s un pays fort rude et difficile ; elle aurait besoin d'une augmentation de dix archers ; on a proposé autrefois d'en lever les charges et d'en payer jusqu'à 6.000 l., et, si cette proposition était exécutée, il faudrait placer ces officiers dans les lieux qui en auraient le plus de besoin pour le service du Roi et le repos de ses sujets.

La Haute Marche et [le pays de] Combraille ont fourni pour leur part six compagnies de milice.

A l'égard du ban (2), la Haute et Basse Marche a fourni pendant cette dernière guerre, toutes les années, soixante-quinze gentilshommes, dont la Haute a fourni trente-huit et la Basse trente-sept. Il y a toujours eu quelques contestations entre la noblesse de la Haute Marche et celle de la Basse ; les ordres du Roi portent toujours que la noblesse de la Haute Marche s'assemble à Guéret comme le plus ancien bailliage ; mais, cependant, le sénéchal du Dorat et celui de Bellac sont en possession de convoquer

<hr>

(1) La charge de viche-sénéchal était dans cette famille depuis les dernières années du xvie siècle ; elle y resta jusqu'à la suppression, du vivant de Gilbert-Timoléon de Seiglière du Plantadis, s. de Jouhet. Elle était exercée, à l'époque de M. Le Vayer, par Antoine de Seiglière du Plantadis, s. de Jouhet et de Luchat. (Voy. A. Tardieu, *Généalogie de la maison Du Plantadis*, 1881, petit in-4°.)

(2) Comparer les rôles de ban et d'arrière-ban de la province de la Marche en 1553, 1635, 1636 et 1674, donnant un état de la noblesse du pays, publiés par A. Bosvieux, dans les *Mém. de la Soc. des sciences nat. et archéol. de la Creuse*, 1855, p. 122-178.

devant eux la noblesse de leur ressort, et, après cette convocation, tous les gentilshommes devraient se trouver à Guéret pour la nomination des officiers du ban et recevoir les ordres de départ. Les gentilshommes de la Basse Marche s'étaient néanmoins dispensés depuis quelque temps de venir à Guéret, et, l'année dernière, ils voulurent même se nommer un commandant et des officiers séparés ; il a été décidé par le Roi qu'il n'y aurait qu'un seul commandant qui serait nommé par le gouverneur ou ses lieutenants généraux ou par le lieutenant de Roi de la province, et que, quand aucun d'eux ne s'y trouverait, la convocation se ferait devant l'intendant de la province, et le commandant serait choisi pour toute la noblesse qui serait convoquée d'entre les gentilshommes de la Haute et Basse Marche, et qu'au surplus, les autres officiers subalternes seraient aussi choisis par eux, moitié de l'une et moitié de l'autre, à la manière ordinaire, mais que l'assemblée se ferait dans la ville de Guéret.

La principale maison de cette province est celle d'Aubusson, si connue entre autres choses par la valeur de Pierre d'Aubusson (1), grand maître de l'ordre des chevaliers de Saint-Jean de Jérusalem en 1477, et qui défendit Rhodes assiégé par Mahomet II, empereur des Turcs, à qui il fit lever le siège, et, de nos jours, par le mérite de Georges d'Aubusson (2), commandeur de l'ordre du Saint-Esprit,

---

(1) Né au Monteil-au-Vicomte en 1423, grand-prieur d'Auvergne, grand-maître des Hospitaliers en 1476, assiégé à Rhodes du 23 mai au 18 août 1480, mort le 3 juillet 1503. Il n'a pas d'historien contemporain. Cf. les articles de M. Antoine Thomas dans la *Grande Encyclopédie*, et de M. Vallet de Viriville dans la *Nouvelle biographie générale*.

(2) Né en 1611 de François d'Aubusson et d'Isabeau Brachet ; d'abord jésuite, puis abbé commendataire de l'abbaye de Solignac, député à l'assemblée du clergé à Paris en 1645, évêque de Gap, puis archevêque d'Embrun en 1649, abbé de Saint-Jean de Laon et de Saint-Loup de Troyes, député encore à l'assemblée du clergé de 1650, ambassadeur

évêque de Metz et conseiller d'Etat, et feu M. le duc de La Feuillade (1), duc et pair de France, colonel des gardes françaises, vice-roi de Sicile, gouverneur du Dauphiné; M. le duc de La Feuillade, son fils (2), possède aujourd'hui le comté de la Feuillade; le Roi glorieusement régnant a réuni la vicomté d'Aubusson par échange (3) et les châtellenies d'Aubusson, Feüilletin, Ahun, Chénerailles, Jarnages, et Drouilles; cette terre peut valoir 18.000 l. de rente.

Le s. de Saint-Julien-Beauregard (4), chef du nom et armes de la maison de Saint-Julien, homme de service et qui a conservé la pureté de son nom par toutes les alliances

extraordinaire en Espagne en 1661, évêque de Metz en 1668, il mourut dans cette ville le 12 mai 1697, après avoir été, au dire de Saint-Simon, « un homme de beaucoup d'esprit, avec du savoir, qui avoit toujours fort été du grand monde ». (Voy. C. Pérathon, *Histoire d'Aubusson*, et Z. Toumieux, *Le comté de la Feuillade*, dans les *Mém. de la Soc. des sciences nat. et archéol. de la Creuse*, 1903.)

(1) François d'Aubusson, duc de Roannès, marquis de Boisy, comte de la Feuillade, baron de Pérusse, de Montcontour, etc., seigneur de Courpalay, de la Grange-Bléneau, d'Oiron, de Surmont, etc., naquit à Courpalay le 21 août 1631. Il épousa Charlotte Gouffier, fille du marquis de Boisy, qui lui apporta le duché de Roannès. *(Ibid.)*

(2) Né en 1673 et baptisé par Bossuet à Saint-Germain-en-Laye; mestre de camp de cavalerie en 1686, gouverneur du Dauphiné en 1691, lieutenant général en 1704, il échoua deux ans après dans sa tentative devant Turin; maréchal de France en 1724, il mourut l'année suivante. Il eut deux femmes: Charlotte-Thérèse Phélypeaux de la Vrillière, qui mourut à 22 ans, à Paris, en 1697, et Marie-Thérèse de Chamillart, qu'il épousa le 24 novembre 1701 au château de l'Estang et qu'il vit également mourir, le 3 septembre 1716. Il n'eut aucun enfant de ces deux unions. *(Ibid.)*

(3) Par contrat du 14 juin 1686, Louis XIV céda au maréchal de La Feuillade, en échange de la terre de Saint-Cyr, près Versailles, l'ancien domaine de la maison d'Aubusson: la vicomté d'Aubusson, la châtellenie de Felletin, la baylie du Masvoudier, plus les châtellenies d'Ahun, de Chénerailles, de Jarnages, de Drouilles, dans la Marche, et celle de Cervières, en Forez. *(Ibid.)* Sur toute cette famille, voir, en outre, P. Mignaton, *Histoire de la maison d'Aubusson*, Paris, 1886, in-18.

(4) Philibert de Saint-Julien, dont la fille épousa en 1710 Claude-François de Lentilhac.

que ses auteurs ont contractées dans les maisons d'Aubusson, Montbas, de La Roche-Aymond, de Buffière (1) et autres, et dont les cadets sont :

Le s. de Saint-Julien des Farges-Peyrudet, dont il a été parlé ci-dessus ; le baron de Saint-Julien (2), dont la baronnie de Saint-Julien est de 4.000 l. ; le s. de Saint-Julien de Flayat (3) ; le s. de Saint-Julien de Tardes (4).

Le s. de Malleret (5), seigneur de la Chassagne et de Saint-Hilaire, capitaine de dragons du régiment de Valençay.

Le s. Brachet de Pérusse (6), marquis de la Gorse et du Mas-Laurent, ci-devant capitaine de cavalerie au régiment du Roi ; ses terres sont de 15.000 l. de rente.

Le s. de Gédoin, seigneur de Monteil-le-Vicomte (7), dont la fille a épousé le marquis de Pontchâteau de Canillac, a 20.000 l. de rente ; cette famille est venue de Picardie.

(1) Pierre-Buffière (Haute-Vienne, arr. de Limoges).

(2) Paul de Bridiers, baron de Saint-Julien, fils de Jean et de Marguerite de Saint-Julien.

(3) Michel de Saint-Julien, fils de François, s. de Flayat et de Hautefeuille en partie. (Dom Bétencourt, *Noms féodaux*, p. 870.)

(4) En 1685, un Jean de Saint-Julien est seigneur de Tardes.

(5) Sans doute Gaspard-Sylvain, pour lequel sentence est rendue en 1700 contre Gilbert de La Roche-Aymon, marquis de Saint-Maixent (Arch. de la Creuse, E. 573).

(6) Pérusse, dans le canton actuel de Bénévent (Creuse, arr. de Bourganeuf), fut possédé depuis le xivᵉ siècle par la postérité de Jean Brachet, époux de Marie de Vendôme.

Gilbert Brachet, s. de Pérusse, etc., capitaine au régiment du Roi-cavalerie, avait épousé, en 1687, Catherine Descodeca, fille de Jean-Henri, marquis de Mauvezin, et de Marthe de Comminges ; de ce mariage naquit, en 1688, Annet-Bonaventure Brachet, s. du Mas-Laurent, marquis de Floressac, qui fut lieutenant général de la province de la Marche.

(7) La seigneurie de Monteil-au-Vicomte appartint à la famille d'Aubusson jusqu'au moment où Marie d'Aubusson, fille d'Antoine Ier, la fit passer à la famille d'Arpajon (1514). Le Monteil fut ensuite possédé par les Pierre-Buffière (François, premier seigneur, époux en 1521 de Mar-

La maison de Roche-Dragon de la Voreille et de la Villatte ; l'aîné (1) a été page de la grande écurie et est capitaine de chevau-légers au régiment de Ligondès, et ses frères sont chevaliers de Malte.

Le s. de La Saigne (2), seigneur de Saint-Georges, dont le grand-père avait un régiment de ce nom ; il a été capitaine de dragons et son frère l'est encore en sa place.

Le s. Du Pouget, seigneur de Nadaillac (3), a servi dans les gardes ; sa terre est la Villeneuve, de 4.000 l. de rente.

Le s. de Chabannes de Nouzerolles (4), de la famille illustre de ce nom, où il y a eu un maréchal de France ; peu de biens.

guerite de Maulmont), puis par les Seiglière, etc. Denys Gédoyn était receveur des tailles en l'élection de Guéret lorsqu'il en devint acquéreur. Il vivait encore en 1697, mais était mort en 1699. Il avait épousé Marguerite de Seiglière de Cressat ; sa fille, Geneviève, fut mariée le 23 octobre 1683 à M. de Montboissier-Beaufort-Canillac, s. de Pont-du-Château. (Z. Toumieux, *La vicomté du Monteil*, dans les *Mém. de la Soc. des sciences nat. et archéol. de la Creuse*, 1895-1896, p. 65-261, avec une carte de la vicomté en 1789.)

(1) Sans doute Jean de Rochedragon, s. de la Vaureille, vivant en 1716, avec sa femme Claire de Fougères ; tous deux n'existaient plus en 1732. D'après l'abbé de Vertot *(Histoire des chevaliers de Saint-Jean de Jérusalem)* on trouve, parmi les chevaliers de Malte, Joseph de Rochedragon, reçu le 9 mai 1686, et Jean, reçu le 12 août 1695. Allié au marquis de Quincize. (Note du ms. Philipps.)

(2) Léonard de La Saigne, s. de Saint-Georges-la-Pouge (Creuse, arr. de Bourganeuf, cant. de Pontarion), était en effet petit-fils d'un colonel, Sylvain de La Saigne, époux de Blanche d'Anselme. Son père, Nicolas, fut mestre de camp des armées du roi.

(3) Peut-être Charles-François Du Pouget, également s. de Saint-Pardoux et de la Villeneuve, époux de Renée-Françoise Du Tronchay et fils de François, mentionné par Dom Bétencourt (p. 771) avec les dates de 1669 et 1684.

(4) François de Chabannes, s. de Nouzerolles et de Bois-Lamy, époux de Marguerite de La Marche, fille du s. de Péguillon, n'existait plus en 1698, d'après le P. Anselme. Nouzerolles passa après lui à Anne-Marie de Chabannes, son frère, marié à Henriette Coiffier, fille de Jean, s. de Demoret.

Le s. de Chauvelin de Richemont (1), fils du s. de Richemont, capitaine de cuirassiers et allié de la maison de Le Tellier ; la terre est de 3.000 l. de rente.

Le s. de La Clavière de Chamborand (2) a été page du Roi et capitaine de chevau-légers ; sa terre de la Clavière est de 6 à 7.000 l. de rente.

La maison de La Chapelle-Balou : le feu sieur de La Chapelle-Balou (3) était brigadier ; son fils, maréchal de camp, a laissé une fille mariée à M. le comte de Château-Thierry, ci-devant capitaine aux gardes ; ses terres valent près de 20.000 l. de rente ; il y a des dettes.

Quartiers d'hiver

Les villes de Guéret, Jarnages, Chénerailles ; le bourg de Châtelus.

Gouvernement militaire du pays de Combraille

Ce pays est sous le gouvernement d'Auvergne. S. A. R. Monsieur en est le seigneur, ou de la plus grande partie, comme étant aux droits de feue Mademoiselle.

La meilleure maison de ce canton est celle de La Roche-Aymond. Le s. Regnault-Nicolas de La Roche-Aymond (4)

(1) Sans doute Jean de Chauvelin de Richemont, dont un descendant, le fils peut-être, Jacques, s'allia au xviiie siècle avec la famille de Dreuille. (Arch. de l'Allier, E. 155 et 158.)

(2) Sur la famille de Chamborant, voir N.-B. Wyse, *Les donjons de la Marche, I, Chamborant,* dans le *Bull. de la Soc. des sciences nat. et archéol. de la Creuse,* 1859, p. 218 et suiv.

(3) Jean Tiercelin, s. de la Chapelle-Balou, avait épousé Jeanne-Marie Turpin, et en eut un fils, Jean-Louis, dont la femme, Louise-Henriette d'Appelvoisin, était veuve en 1704. Allié au marquis de Quincize. (Note du ms. Philipps.)

(4) Rainaud-Nicolas de La Roche-Aymon, fils d'Antoine. Son propre

et de Mainsat, chef de nom et d'armes, s'est retiré à Mainsat de l'agrément du Roi, après douze années de service ; un de ses frères, chevalier de Malte, fut tué à la bataille de Staffarde. C'est une très ancienne maison, alliée à la maison de Chabot, d'Amboise, de La Rochefoucauld-Barbezieux et autres. Jean de La Roche-Aymond, son trisaïeul, revêtu de la charge de grand prévôt de l'hôtel et de lieutenant général commandant en Languedoc sous François Ier, fut tué à la bataille de Marignan ; son fils Louis, son successeur, fut aussi tué à la bataille de Saint-Quentin sous Henri II. On compte cinq évêques dans ce siècle de cette famille, savoir : deux évêques et ducs de Laon (1), un évêque de Tréguier (2) et les évêques de Mende (3) et de Rodez (4) ; cette famille a joint à la noblesse une vertu et une piété singulière ; la terre de Mainsat vaut 10 à 12.000 l.

Le s. Henry de Lestrange (5), seigneur de Magnat, et le s. de Lestranges, seigneur de Sannes, sont d'une très ancienne chevalerie et alliés à plusieurs maisons illustres ; les enfants du s. de Sannes sont officiers de cavalerie au régiment de Ligondès.

fils, Paul-Philippe, est cité par Dom Bétencourt (*Noms féodaux*, p. 826). Celui de ses frères qui fut tué à Staffarde (18 août 1690), où il commandait le régiment de Montgommery-Cavalerie, s'appelait Pierre-François et était né à Mainsat (Creuse, arr. d'Aubusson, cant. de Bellegarde).

(1) Benjamin et Philibert de Brichanteau, morts l'un en 1619 et l'autre en 1653, fils d'Antoine, marquis de Nangis, et d'Antoinette de La Rochefoucauld ; une de leurs sœurs, Antoinette, avait épousé Renaud de La Roche-Aymon.

(2) Balthazar Grangier de Liverdis, allié à la famille de Lusignan, mort en 1679.

(3) François-Placide de Baudry, mort en 1707.

(4) Paul-Louis-Philippe de Lezé de Luzignan, qui mourut en 1716, oncle de Claude de La Roche-Aymon, évêque du Puy.

(5) Il avait épousé en 1680 Anne-Marguerite de La Saigne et en eut un fils, Joseph, qui commandait en 1734 les bataillons de milice du Bourbonnais, connus sous le nom de « régiment de Lestrange ». (Voir H. de Lestrange, *Généalogie de la famille de Lestrange*, 1890, in-8°.)

Le s. de La Rochebriant de Cléravaux (1), chef de nom et d'armes de la maison, dont les auteurs ont été lieutenants généraux pour le Roi de la province de la Marche.

Noblesse et terres de dignités du pays d'Auvergne

M. le duc de Bouillon est gouverneur de ce pays et de celui de Combraille, ainsi que de toute la province d'Auvergne. Il a sous lui deux lieutenants généraux : l'un pour la Haute Auvergne, M. le duc de Noailles, et l'autre pour la Basse, M. le comte de Noyent de Beaujeu.

Monsieur, frère unique du Roi, y possède le duché et pairie de Montpensier, que feu Mademoiselle, par son testament olographe du 22 février 1685, a légué à S. A. R., aussi bien que le pays et baronnie de Combraille.

Le s. comte de Broglie (2) est engagiste d'Artonne comme étant aux droits de M. le marquis de Champdeniers (3) qui l'avait de M. le duc de Bouillon, auquel, par échange des souverainetés de Sedan et Raucourt, le comté d'Auvergne et la seigneurie d'Artonne furent cédées par Sa Majesté en 1651.

Le s. marquis d'Effiat possède le marquisat d'Effiat et de Nosnes (4), avec les engagements de Gannat et Vichy, de

(1) Sans doute François-Annet de La Rochebriant, comte de Clairavaux, marié en 1664 à Louise-Antoinette de Langeac, de laquelle il eut Gilbert-Annet ; ce dernier épousa en 1698 Marie-Rose de Pampelune de Livry. La mère de François était une Chabannes, de la branche de Curton.

(2) Victor-Maurice, comte de Broglie, qui fut maréchal de France et mourut en 1727.

(3) François de Rochechouart, marquis de Champdeniers, mort le 14 août 1696 ; il avait épousé Marie Le Loup de Bellenave, dont il eut un fils, tué à Ypres en 1678.

(4) Denône, Puy-de-Dôme, commune d'Effiat.

revenu de 20.000 l.; le château est très beau avec un grand parc.

Le s. d'Arbouze de Veny (1), gouverneur et sénéchal de la ville d'Aigueperse, possède la terre de Villemont, Vensat, Poisat (2), Jayet et Saint-Genest (3), de 6 à 7.000 l.

Le s. de Rillat, de la famille de Bouillé, possède le Rillat (4), qui est bien bâti, et tient de la maison de Marillac.

Le s. marquis de Pionsat (5), lieutenant-colonel du régiment de Navarre, possède la terre de Pionsat.

Le s. de La Roche-l'Hôpital (6), possède la terre de la Roche, ancien patrimoine de M. le chancelier de L'Hôpital.

Le s. de Jozeran de Saint-Vidal (7) possède la terre de

(1) Jacques de Veny d'Arbouze, s. de Villemont. Il eut un fils, Gilbert-Henri-Amable, marquis de Villemont, qui épousa Geneviève Colbert et fut mestre de camp de cavalerie.

(2) Poëzat, Allier, cant. de Gannat.

(3) Saint-Genès-du-Retz, Puy-de-Dôme, arr. de Riom, canton d'Aigueperse.

(4) Rillat ou Rilhat, Allier, arr. de Gannat, cant. d'Escurolles, commune de Cognat-Lyonne.

(5) Gilbert de Chabannes, fils de Gilbert et de Marie de Champfeu, mourut en 1720 après avoir été maréchal de camp des armées du roi.

(6) La Roche, Puy-de-Dôme, arr. de Riom, cant. d'Aigueperse, commune de Chaptuzat.

Il est sans doute ici question de François de La Roche, époux d'Elizabeth de Reugny, et qui était fils de Gilbert de La Roche-l'Hôpital et de Jeanne de Bosredon.

(7) C'est Jean de Rochefort d'Ally, s. de Jozeran, ou, s'il était déjà mort, son fils, Pierre de Rochefort d'Ally. Jean avait épousé en 1656 Marie de Sallonnier, dame de la Vallée, fille d'un officier de la maison de Louis XIII ; son fils, Pierre, fut capitaine au régiment de Navarre et mourut à Jozeran en 1725 ; il avait épousé Marie de Chauvigny, fille de Claude de Chauvigny de Blot et de Marie de La Roche-Aymon. (Arch. de M. M.-A. Aymar Barbat du Closel, comte de Rochefort d'Ally.)

Pierre d'Ally (1350-1425), cardinal et évêque de Cambrai, dont il est ici question, fut trésorier de la Sainte-Chapelle, aumônier de Charles VI, évêque du Puy et, enfin, un des plus actifs membres du concile de Constance.

Saint-Vidal ; il est de la maison des Rochefort-d'Ally, dont était le cardinal d'Ally.

Les paroisses et villes de ce pays ont contribué et fourni les soldats pour les huit compagnies de milice du Bourbonnais, mais elles ont été exemptes des quartiers d'hiver, aussi bien que le pays de Combraille, par la protection de Monsieur.

CHAPITRE V

Justices

Ces trois provinces et leurs annexes sont du ressort du parlement de Paris et ont chacune leurs coutumes rédigées par les ordres du Roi, savoir : celles du Bourbonnais en l'année 1520, celles du Nivernais en l'année 1534, celles de la Marche en l'année 1521 ; et celles d'Auvergne, auxquelles sont soumises les quatre-vingts villes et paroisses d'Auvergne réunies à la généralité de Moulins, furent rédigées en 1510.

Justices du Bourbonnais

Les bailliage et sénéchaussée (1) furent établis dans la ville de Moulins en l'année .... *(sic)*. Le gouverneur de la province est le sénéchal né ; son lieutenant général au dit bailliage est aujourd'hui le s. Bolacre (2), qui exerce cette charge depuis quatre ans en la place du s. Bolacre, son père, qui avait été auparavant lieutenant général en la pairie et bailliage de Nevers, originaire de Bourges et de bonne famille de robe, homme d'esprit politique, courtisan et très affectionné au service du Roi et le subdélégué de tous les intendants. Son fils, quoique sage, et né pour les

(1) Le bailliage de Moulins fut créé vers 1523, par démembrement du bailliage de Bourges. (Cf. A. Leroux, *Le massif central*, t. 1, p. 225.)
(2) Henri Bolacre, s. des Marests, était fils d'Henri Bolacre et de Gabrielle Corade.

affaires du palais, n'est pas, néanmoins, si habile que son père ; son esprit est dur et fier, et il manque de soin extérieur en ses manières et de dignité ; il n'est pas assez accrédité ; il a, de son chef, peu de bien, mais il a épousé la fille unique du s. Martin (1), receveur des tailles, qui est fort riche et dont il n'a point d'enfants.

Outre le bailliage et sénéchaussée de la ville de Moulins, il y a le siège présidial qui y fut établi en 1551 pour tout le ressort de la sénéchaussée. Il est composé de deux présidents, du lieutenant général, du lieutenant particulier, du lieutenant criminel, d'un assesseur, deux conseillers d'honneur, vingt conseillers, un procureur du Roi et deux avocats du Roi, deux substituts adjoints et quatre commis-greffier. Le premier ou ancien président est le s. Du Buysson de Mont (2), qui possède, en même temps, la charge de lieutenant particulier ; il est fort âgé, bon juge, accrédité dans son corps et surtout parmi la noblesse ; il a toujours aimé et aime encore le plaisir ; il est gai et railleur, mais le fond n'est pas malin. Le second président est le s. Du Buysson du Bérat (3) ; il n'est reçu que depuis un an dans sa charge qui était occupée par le s. de Fognat (4), son frère, très homme de bien et de belles lettres ; son

(1) Geneviève Martin, fille de Claude, qui mourut en 1706, et de Jeanne Rémond, morte cinq ans après.

(2) Philibert Du Buysson, s. de Mont et de la Cave, avait épousé Charlotte Millet, fille de Charles, conseiller au parlement de Paris, et d'Anne Binet. Il avait été reçu lieutenant particulier le 23 mars 1628 au lieu de son père, Jean Du Buysson, qui, lui-même, avait succédé, le 6 juin 1612, à son oncle Antoine Du Buysson.

(3) Nicolas Du Buysson, s. du Bérat, était fils de Jean, trésorier de France, et de Françoise Forest.

(4) Pierre Du Buysson, s. de Fognat, avait été nommé président au siège présidial de Moulins en 1692, succédant à Henri Bolacre. (Cf. les lettres de provision, Arch. de l'Allier, E. 825.) Il avait épousé : 1° Claire de Savignac, 2° Marguerite Bourderel, fille de Pierre, s. d'Orvalet.

successeur vaut encore mieux : il est sage et intelligent dans les affaires, régulier dans sa conduite et dans ses manières aussi bien que dans ses discours, parlant bien en public et généralement estimé. Le s. Semin (1), lieutenant criminel, est homme riche, de probité, d'une physionomie et de manières polies et agréables, mais qui ne s'est pas fait son principal objet des fonctions de sa charge. Le s. Vernin (2), assesseur, est jeune, vif et aimant sa charge qu'il fait avec honneur, mais d'une fierté au-dessus de son mérite. Le s. Aubery (3), procureur du Roi, a de l'esprit et du bien, mais il gâte tous ses avantages par une mollesse et une avarice qui le rendent indigne d'une place aussi importante que la sienne. Le s. Trochereau (4), ancien et premier avocat du Roi, n'en fait presque point les fonctions par ignorance ou par timidité ; homme fort obscur. Le s. Faulconnier (5), deuxième avocat du Roi, est habile, mais ce qu'il sait il ne le sait pas bien. Il est dur, entêté et capable de perdre tout respect quand on lui résiste. Il avilit son caractère par la bassesse avec laquelle il écrit, et consulte pour de l'argent ainsi que les avocats du siège.

(1) Gilbert Semin, s. de Saint-Sornin, reçu en sa charge le 0 janvier 1664, était fils d'André Semin et de Marguerite Billard. Il s'était marié, en 1663, avec Jeanne Jacob, fille d'un receveur général des finances. (Arch. de l'Allier, B. 744.)

(2) Jacques Vernin était fils de Charles, s. d'Origny, avocat au parlement ; il avait épousé, en 1685, Elisabeth Giraud de Mimorin. (Ibid., B. 746.)

(3) Rémi Aubery, s. du Plessis, fils de Jean, avait épousé, en 1662, Marguerite Semin, fille d'André Semin ; il était donc le beau-frère du lieutenant général criminel.

(4) Jean Trochereau, fils de Gilbert, fut d'abord avocat au parlement. Il avait épousé Marie Saillant, fille d'un apothicaire et bourgeois de Moulins. Né en 1638, il allait mourir en décembre 1700.

(5) Charles Faulconnier, s. des Cholets, épousa, à Moulins, le 17 mai 1695, Gabrielle Beraud. Son père, Jean Faulconnier, était également avocat du roi.

Le reste des officiers de ce siège (1) est assez égal ; nul d'eux ne se distingue par son savoir ou par son mérite ; à cela près, chacun est assez dans l'ordre. Le barreau y est même assez faible et le s. Cordier, avocat, est l'un des plus estimés. Les charges de présidents ne valent que 12.000 l., celle de lieutenant général est de 80.000 ou 90.000 l., de lieutenant criminel de 40.000 l., de procureur du Roi de 40.000 l., de conseillers de 10 à 12.000 l.

Il y a dix-neuf châtellenies dépendantes de ce bailliage et sénéchaussée (2) : celles de Moulins, de Souvigny, de Bessay, de Gannat, de Billy, de Verneuil, de Belleperche, des Basses-Marches, de Bourbon, de Riousse, de Bellegarde, d'Hérisson, de Montluçon, de Murat, de Vichy, de Chantelle et Charroux, de Tizon (3), de Crozant, d'Ussel et de Chaveroche. Il y a, outre cela, les justices de Varennes, d'Ainay, de Cérilly et de Saint-Amand, dont les trois dernières sont de la généralité du Berry, quoique du ressort de la sénéchaussée de Moulins.

La châtellenie de Moulins est composée d'un châtelain, son lieutenant, quatre conseillers et le procureur du Roi. Le châtelain est le s. Talon (4), qui n'est point encore

(1) Le registre des audiences du présidial pour 1697 (Arch. de l'Allier, B. 337) porte, sur la couverture, la liste des conseillers. Outre ceux que nomme M. Le Vayer, ce sont : MM. Beraud, Perrin, Brirot, Roy, Vigier, Gaulmin, Aubert, de La Chaise, Sailan (ou Saillant), Vernoy, Rouher, Mercier, Farjonel, Roussel, Pin et Revanger, plus les conseillers *ad honores*, au nombre de neuf.

(2) Il y avait bien dix-neuf châtellenies en effet ; dans l'énumération de M. Le Vayer, il faut supprimer celles de Bellegarde et de Crozant qui s'y sont glissées par erreur et dépendaient de Guéret.

(3) Sur le ruisseau de Tison, Allier, arr. et cant. de Montluçon, commune de Saint-Victor. Le châtelain, Charreton, appartenait à une famille montluçonnaise qui avait fourni à la vieille cité des consuls dès le XVᵉ siècle.

(4) Nicolas Talon, s. de Montchenin, né en 1656, fils de Jean, conseiller au présidial de Moulins, et de Catherine Bergier, mourut en 1725.

marié, homme très riche et très ménager, et s'appliquant plus à son bien qu'aux fonctions de sa charge qu'il néglige, et se repose sur le s. Berrier (1), son lieutenant, homme d'esprit et très appliqué, mais hardi, entreprenant, et l'un des plus dangereux hommes de Moulins pour une occasion. Le procureur du Roi, le s. Bourdin (2), a la charge de son père ; homme jeune et de peu de dignité.

La châtellenie de Montluçon, considérable par l'importance de la ville de ce nom, est composée d'un président et lieutenant particulier, d'un lieutenant civil et juge de police, d'un lieutenant criminel et d'un procureur du Roi. Le s. Méténier de Bussière (3), président, a du feu, de la vivacité et de l'intelligence pour les affaires ; il est riche et accommodé, mais grand parleur, fort intéressé, dont l'esprit est inquiet et turbulent, présomptueux et sans dignité. Le s. de Chézelles (4), lieutenant civil et de police, est homme doux, aimant les belles lettres et les fonctions de sa charge dont il s'acquitte avec honneur et de très bonnes intentions. Il est subdélégué de l'intendant de la généralité. Les autres officiers sont si peu de chose qu'ils ne méritent pas qu'on en parle, ni même ceux des autres châtellenies, si ce n'est celle de Vichy, où le s. de Pontgibaud, lieutenant général, est

(1) Marien Berrier, qui fut d'abord avocat au parlement, fils de Jean et de Claude Sauzet, épousa en 1686 Jeanne Farjonel, fille d'un marchand de Moulins. Il était mort en 1710.

(2) Antoine Bourdin, s. de Saint-Mamert, fils de Jean, ancien procureur du roi en la châtellenie de Moulins, et de Gilberte Chomeil, épousa en 1694 Gilberte Baugy, fille de défunt Antoine, procureur en la sénéchaussée, et de Jeanne Vigier.

(3) Gilbert Méténier, qui fut ensuite président aux traites foraines, était fils de Roch Méténier, avocat au parlement, et de Marie Charreton. Il avait épousé vers 1679, Marie Le Clerc, d'une famille parlementaire assez connue, et mourut en 1705.

(4) Léonard Garreau, s. de Chézelles, appartenait à une ancienne famille originaire d'Aubusson. Il épousa successivement Marie Gallopin et Brigitte Lindesse.

très bon officier, aimant son devoir et s'acquittant bien de sa subdélégation de l'intendance. Il en a déjà été parlé ci-devant (1). Le s. Lhuillier (2), lieutenant d'Hérisson et subdélégué, est aussi homme de distinction, riche et très accrédité dans la ville.

Après les officiers de justice, on peut mettre ici les officiers des villes, les maires, échevins, consuls, assesseurs, conseillers de ville, qui ne laissent pas d'exercer souvent une espèce de juridiction dans les cas de police ou autres à eux attribués.

Le corps de ville de Moulins est composé d'un maire, créé perpétuel dans ces derniers temps de guerre, de quatre échevins, quatre assesseurs, un procureur du fait commun, quarante conseillers de ville, un commissaire aux revues, un receveur des deniers patrimoniaux, un contrôleur, un greffier, un secrétaire de ville et six valets de ville. Anciennement et suivant les chartes de la ville, les maires et échevins se nommaient de deux ans en deux ans à la pluralité des voix, mais feu M. le marquis de La Vallière, gouverneur de la province du Bourbonnais en 1672 et fort accrédité, commença le premier à faire faire la nomination du maire et des échevins qu'il choisissait, et il mandait aux officiers et habitants de la ville de les nommer. Mme de La Vallière, sa veuve, obtint ensuite du Roi des lettres de cachet dans lesquelles elle faisait nommer ceux qu'il lui plaisait. Et ensuite, M. le marquis de La Vallière, son fils, aujourd'hui gouverneur, sans tant de façons, s'est mis en possession d'écrire de son chef une espèce de lettre de cachet, par laquelle, lors de chaque nomination, il

(1) P. 36.
(2) Claude Luylier, s. du Plaix, de Couture, du Mazeau, etc., fils de François, mort en 1676 président et lieutenant général de la châtellenie d'Hérisson, épousa Marguerite Courtois, fille de Pierre, s. de Favières. Il mourut en 1722.

mande aux officiers de ville en charge qu'il a choisis pour maire et échevins ceux qu'il lui plaît de nommer, et l'usage de l'Hôtel de Ville a été, depuis ce temps, de nommer les personnes choisies par M. le gouverneur, mais de ne point faire mention sur le registre, ni dans l'acte de nomination, de la lettre du gouverneur, pour conserver encore une ombre de l'ancienne liberté. A l'égard de la nomination du maire, cet usage a changé depuis qu'il a plu au Roi de créer un maire perpétuel en titre ; mais, à l'égard des échevins, il n'y a rien de changé, si ce n'est que le Roi, ayant créé des assesseurs de ville avec droit d'être nommés les premiers à l'échevinage à l'exclusion de tous autres, M. le gouverneur ne peut nommer aucuns premiers et seconds échevins que les assesseurs n'aient rempli leur tour. L'office de maire est très important, car il est le chef du bourgeois et du menu peuple, qui, dans des temps fâcheux, est un animal féroce et difficile à conduire. Le s. de Champfeu (1), qui remplit celui de Moulins, n'était point né pour cet emploi ; il a très peu de biens et veut que sa charge lui en procure, et compte les deniers de la ville comme son patrimoine propre ; ses avis sont très hautains, mais très mal soutenus, n'ayant ni finesse d'esprit ni capacité. Cependant, il paye assez de marque et de mine, mais le peuple ne l'aime guère et se plaint de sa vengeance et de sa fierté.

Les autres officiers de ville sont presque toujours gens de peu de naissance et intéressés, nommés sans choix par

(1) Bernard de Champfeu, s. de la Grange-Cadier (terre devenue la Grange-Champfeu, paroisse d'Avermes), était fils de Jean-François de Champfeu, s. de Saint-Martin-des-Laids, trésorier de France à Moulins, et d'Elisabeth Billard. Par contrat du 6 avril 1694 reçu Cantat, notaire à Moulins, il épousa Reine Tourault, fille de feu Antoine Tourault, s. des Joyeux, lieutenant général en la vice-sénéchaussée de Bourbonnais, et de dame Marie Palierne.

M. le gouverneur qui ne connaît personne du pays par lui-même.

Il y a aussi des maires établis à Bourbon, Hérisson, Vichy, Cusset, Saint-Pourçain, Gannat, et des procureurs du Roi du fait commun qui n'ont rien qui mérite d'en faire dire aucune chose, non plus que de tant d'autres établis dans toute la généralité, si ce n'est que ce ne sont pas des vases d'élection, mais de dignes enfants de la nécessité et du malheur des temps qui les ont produits.

Justices du Nivernais

Le bailliage et sénéchaussée de Saint-Pierre-le-Moûtier est l'un des quatre plus anciens du royaume, ainsi qu'il a été ci-devant observé ; son ressort est l'ancienne prévôté, la justice de Sancoins en Berry, le comté de Châtel-Chinon, le bailliage de la Charité-sur-Loire et les justices de Pouilly et Léré en Berry, la justice de l'évêque et du chapitre de Nevers, qui fut à la vérité aliénée en faveur de Ludovic de Gonzague, mais à la charge d'indemniser le Roi en [un autre] ressort, ce qui n'a point été fait. La justice royale de Cusset relève aussi de ce bailliage, mais seulement pour les cas du premier et du second chef de l'édit des présidiaux.

La juridiction du bailliage de Saint-Pierre-le-Moûtier s'étend pour tous les cas royaux, tant civils que criminels, et pour les personnes d'église, dans tout le Nivernais, si ce n'est dans le Donziais, dont le présidial d'Auxerre est en possession de prendre connaissance.

En l'année 1551, le présidial de Saint-Pierre-le-Moûtier y fut établi (1) ; il est composé de deux présidents, d'un

(1) « M. le marquis de Quincise en est le grand bailli d'épée depuis 1744. » (Note du ms. Philipps.)

lieutenant général, d'un lieutenant criminel, d'un lieutenant particulier, d'un assesseur, d'un chevalier d'honneur, de quinze conseillers y compris le prieur de Saint-Pierre-le-Moûtier, qui en est de droit le premier conseiller à cause de l'association de la justice faite avec le Roi en 1165, et des deux conseillers honoraires et des deux conseillers vérificateurs des défauts nouvellement créés. Il y a, outre cela, le procureur du Roi et les deux avocats du Roi qui sont aussi conseillers du présidial. Il y a encore un substitut adjoint du procureur du Roi, de nouvelle création, et un greffier en chef dont M. le comte de Marsan (1) est propriétaire pour moitié et l'autre moitié est réunie au domaine du Roi.

L'ancien président est le s. de Lespinasse (2), de bonne famille, bien fait de sa personne, homme d'esprit et de belles lettres, mais qui, par sa fierté, a si fort aliéné le cœur et l'esprit de ses confrères qu'il en a reçu beaucoup de chagrins qui l'ont dégoûté de sa charge qu'il n'exerce plus depuis près de six ans ; elle vaut 10.000 l.

Le s. Pitois de Quincize (3), second président, est à peine connu, n'ayant fait, depuis deux ans qu'il est promu, presque aucune fonction de sa charge qu'il néglige comme son ancien confrère ; elle vaut 8.000 l.

Le s. Gascoing (4), lieutenant général, est le troisième de

(1) Charles de Lorraine, prince de Mortagne, comte de Marsan, etc., mort en 1708.

(2) Michel de Lespinasse, s. de Planchevienne, était veuf de Claude Bogne en 1704. Allié au marquis de Quincize. (Ms. Philipps.)

(3) Jean-François Pitois succéda en 1694 à feu Claude Gascoing, s. de la Belouze. Il était fils de Pierre, bailli de Château-Chinon, et de Françoise Le Bourgoing dont il eut un fils, Pierre, grand bailli d'épée au bailliage de Saint-Pierre-le-Moûtier, gouverneur de Château-Chinon, et une fille, Marie-Louise, femme de Jacques-Louis de La Ferté-Meung, comte de la Roche-Milay. Sa tante, Anne Pitois, avait épousé en 1652 Charles de Fradel, s. du Lonzat.

(4) Pierre Gascoing, s. d'Aubigny et de Champmaillot, succédait à son père, Jacques Gascoing, s. de Berthun, de même que Jean, son

sa famille qui occupe cette place ; il est riche, homme de bien, mais d'un esprit fort bouché, pesant et peu capable, ayant peu d'autorité.

Le s. d'Argoulois (1), lieutenant criminel, a beaucoup de mérite, et, quoique peu riche, vient d'épouser la veuve du président de La Blouse, qui a 150.000 l. de bien ; sa charge est de 15.000 l.

Le s. Vyau (2), procureur du Roi, est un brouillon, étourdi, incommodé dans ses affaires, intéressé dans les consignations du présidial, ce dont on se plaint beaucoup comme étant fort indigne de sa place ; sa charge vaut 15.000 l.

Le s. Girard de Busson (3), assesseur, est homme d'esprit et de mérite et a été ci-devant subdélégué de l'intendant ; il n'a qu'un peu trop de fierté et de présomption, mais il serait homme de service ; sa charge peut valoir 10.000 l.

Les autres officiers (4) sont très faibles ; cependant la justice se rend dans ce siège avec plus de régularité et de sévérité que dans les autres de cette généralité. Ces officiers ont fait jusqu'ici trois tentatives pour sortir de Saint-Pierre-le-Moûtier et être transférés dans la ville de Nevers ; ils n'avaient pu réussir dans les deux premières et on avait cru

fils, s. de Lavault et de Créanges, lui succéda en 1713. Il avait épousé en 1683 Marguerite Becquas, fille d'un avocat au parlement. Par sa mère, il appartenait aux Pitois.

(1) Jacques Sallonnier (ou de Sallonnier), s. d'Argoulais, fils de François et de Louise Beliart. Il avait épousé d'abord sa cousine, Claude-Marguerite Gascoing, fille de Guillaume et de Marie Sallonnier, puis, en secondes noces, Marie-Magdeleine Girard, veuve de son côté de Claude Gascoing, s. de la Belouze, président au présidial de Saint-Pierre-le-Moûtier. Allié au marquis de Quincize. (Ms. Philipps.) La famille Sallonnier, éteinte depuis peu, est cependant encore actuellement représentée en Bourbonnais et en Nivernais.

(2) Etienne Vyau, s. de la Garde, époux de Marie de Bèze.

(3) François-Antoine-Girard, encore vivant en 1713, avait épousé Marie Vyau. Son père, Claude, était maître des eaux et forêts à Nevers.

(4) Un lieutenant particulier, Pierre Challemoux ; un avocat du roi, Louis Després, etc.

que c'était la faute du consentement de M. le duc de
Nevers ; l'année dernière, ils l'avaient obtenu moyennant
40.000 l. de gratification, mais cependant leurs efforts n'ont
pas été plus heureux que les autres précédents, et le Roi
n'a pas jugé à propos de toucher à un si ancien établissement, soit par une espèce de respect pour l'antiquité ou par
commisération des habitants de cette petite ville qui aurait
été absolument ruinée si elle avait été dépouillée de son
principal ornement qui est cet ancien bailliage et le siège
du présidial.

Après ledit bailliage et présidial de Saint-Pierre, il y a
le bailliage et pairie de Nevers, dont les appellations vont
immédiatement au parlement de Paris. Son ressort est
d'une très grande étendue. Autrefois, il y avait un prévôt
juge et garde pour les causes de peu de conséquence et
jusqu'à 20 l. ; le bailli avait son lieutenant général pour
connaître des grandes causes en première instance et de
celle des gentilshommes, et, par appel, de celles de la prévôté et des lieutenants particuliers en chacune des châtellenies du duché ; et, enfin, il y avait des auditeurs de pairie
qui connaissaient des causes d'appel tant du lieutenant
général de Nevers que de toutes les autres châtellenies.
Mais, à l'occasion de l'édit du roi Charles IX, du mois de
novembre 1563, qui ordonnait le retranchement et la suppression de tous ces degrés de juridiction, il ne fut fait de
tous ces trois de Nevers qu'un seul bailliage et pairie pour
connaître tant des causes de la ville en première instance,
de celles des gentilshommes et autres privilégiés de tout le
duché, que des causes d'appel de toutes les châtellenies où il
fut établi pour lors des juges ordinaires.

Ces châtellenies sont au nombre de vingt-quatre, dépendantes du duché de Nivernais, savoir: celles de Cuffy,
Châtelneuf-sur-Allier, Pougues, Garchizy, Chaulgne et la

Marche (1), Saint-Saulge, Decize, Tannay, Charain (2), Champvert, Cercy-la-Tour, Luzy, Moulins-Engilbert, Liarnais (3), Saint-Brisson, Montreuillon, Châtelcensoy (4), Clamecy, Metz (5), Montceaux-le-Comte, Neuffontaines, Chateauneuf-au-Val-de-Bargis, Champallement et Montenoison.

Celles du Donziais sont : Entrain, Estaye (6), Druy, Billy, Corvol-l'Orgueilleux, Saint-Verain et le châtel de Cosne.

Sous les vingt-quatre châtellenies du Nivernais, il y a deux cent cinquante autres justices subalternes, et sous celles du Donziais il y a soixante justices subalternes.

Ce bailliage et pairie est composé d'un lieutenant général, quatre conseillers, un assesseur, un lieutenant particulier, un procureur et deux avocats généraux fiscaux. Le lieutenant général, les s. Rapine de Sainte-Marie (7), est d'une très ancienne famille de robe de Nevers. Il a beaucoup de mérite, d'esprit et de dignité. Il est parfaitement habile dans les affaires du palais et entend fort bien sa charge. Il en pousse les droits un peu trop loin, et c'est la seule chose qu'on puisse lui reprocher. Il a beaucoup d'enfants et surtout il en a deux capitaines d'infanterie. Sa charge vaut 40.000 l. et se perd par la mort et tombe aux parties

---

(1) Chaulgnes (Nièvre, arr. de Cosne, cant. de la Charité) dépendait de la châtellenie de la Marche *(ibid.)*, mais n'avait pas le titre de châtellenie.

(2) Charrin, Nièvre, arr. de Nevers, cant. de Fours.

(3) Liernais, Côte-d'Or, arr. de Beaune.

(4) Châtel-Censoir, Yonne, arr. d'Avallon, cant. de Vézelay.

(5) Metz-le-Comte, Nièvre, arr. de Clamecy, cant. de Tannay.

(6) Etais, Yonne, arr. d'Auxerre, cant. de Coulanges-sur-Yonne.

(7) Louis-Antoine Rapine de Sainte-Marie, s. de Saint-Martin, marié avant 1695 à Anne-Marguerite Gascoing, fille de François, s. de Garchizy, et de Marie Challudet. Son cousin, le procureur général fiscal, était Annet-François Rapine, s. de Fourcherenne et de Saxi-Bourdon, époux d'Edmée Besave. Allié au marquis de Quincize. (Ms. Philipps.)

casuelles de M. le duc de Nevers. Le procureur général fiscal porte le même nom et est cousin du lieutenant général. Il est homme de bien, un peu trop facile. Les autres officiers de ce corps sont habiles, honnêtes gens et fort accrédités.

Quant aux juges châtelains en dépendant, ceux de Decize, Saint-Saulge, Moulins-Engilbert et de Château-Chinon sont bons juges ; le reste vit dans l'obscurité.

M. le duc de Nevers a encore sa chambre des comptes pour la conservation de son domaine et de ses revenus, composée d'un président, quatre maîtres des comptes, un procureur général, deux secrétaires, un greffier et un huissier. Le président, le s. de Vaux (1), est homme accommodé et homme de bien, mais il y a dans ce corps le s. Marion (2), qui est maître des comptes et avocat du parlement, plaidant audit bailliage, l'un des plus habiles et honnêtes hommes de la généralité ; son mérite rare, son désintéressement et son affection au service du Roi l'ont rendu recommandable auprès des intendants de la généralité et il est encore aujourd'hui leur subdélégué ; il est de la famille de l'illustre M. Marion (3), que son seul mérite éleva autrefois à la dignité d'avocat général du parlement de Paris et dont M. le comte de Druy, maréchal des camps et armées du Roi, est issu.

Il y a encore dans Nevers une maîtrise des eaux et forêts dont le s. de Lys (4) est maître particulier et une autre

---

(1) Claude de Vaux, s. de Germancy, était fils de Jacques, premier président de l'élection de Nevers. Il avait épousé Agathe de Bèze, et par là appartenait aux Gascoing. Il mourut à Nevers en 1727.

(2) Ignace Marion, de la branche des seigneurs de Coudes.

(3) Simon Marion, né à Nevers en 1541, avocat général au parlement de Paris, anobli pour ses services lors du règlement des frontières de l'Artois, mort baron de Druy en 1605. (Voy. Cte de Soultrait, *Armorial du Nivernais*, t. II, p. 69.)

(4) Jacques de Bèze, s. de Lys, descendant de Claude, élu à Clamecy

maîtrise ducale dont le s. Girard (1) est maître particulier. Leurs charges sont de 10.000 l. Ils sont tous deux riches.

Justices de la Haute Marche

Il y a trois bailliages et sénéchaussées dans la Haute et Basse Marche : celle de Guéret pour la Haute Marche, et c'est la principale et la plus ancienne ; celles du Dorat et de Bellac sont pour la Basse Marche, de la généralité de Limoges, et bien moins considérables.

Il y a sept principales châtellenies royales qui dépendent de ce bailliage : celles de Guéret, d'Ahun, d'Aubusson, Jarnages, Drouilles et Feüilletin (2).

Le présidial de Guéret (3) a été établi en [1635]. Il est composé de deux présidents, un lieutenant général, un lieutenant particulier, un lieutenant criminel, quatorze conseillers et un procureur du Roi, deux avocats du Roi et un substitut adjoint, un greffier. Le s. Tourniol (4), premier et ancien président, est honnête homme et de peu de capacité, riche, ayant 150.000 l. de bien, et est ménager. Le s.

(1) Claude Girard, époux de Claude Challemoux, ou son second fils, Jacques, qui fut également maître des eaux et forêts. Un autre de ses fils était ce Girard de Busson que nous avons vu lieutenant au bailliage de Saint-Pierre-le-Moûtier.

(2) La septième châtellenie, omise ici, est soit celle de Crozant, soit celle du Masvoudier, appelée Mauodier par Vayssière, p. 14 de son édition de Florent d'Argouges. Masvoudier, ou mieux le Mas-Voudier, dépendant aujourd'hui de la commune de Vallière (cant. de Felletin), formait jadis une association rurale connue sous le nom de baylie du Masvoudier, composée de plusieurs villages des paroisses de Vallière, Banise et Saint-Michel-de-Vaisse, et ayant ses franchises et privilèges.

(3) Voir dans F. Villard, *Notes sur Guéret au XVIIIᵉ siècle (Mém. de la Soc. des sciences nat. et archéol. de la Creuse*, 1889, p. 150), le chapitre consacré au présidial de Guéret.

(4) Gabriel Tournyol (ou Tourniol), s. du Bouchet, époux de Catherine Bourgeois. Un Pierre Tournyol était, en 1699, curé de Jarnages.

Chorlon (1) est deuxième président, sans esprit ni capacité, mais riche de 200.000 l. de bien liquide. Le s. de Madot (2), lieutenant général, occupe la place de son père ; il a beaucoup de finesse et de délicatesse d'esprit, mais sa fierté lui avait attiré une si grande haine ou jalousie de ses confrères, et même de la noblesse, qu'il lui en a pensé coûter la perte de sa réputation et de sa charge. Cependant, les choses étant approfondies, elles ne se sont pas trouvées telles qu'on les avait dites. Il paraît à présent plus doux et il est fort affectionné pour les service et exécution des ordres du Roi. Il n'a que très peu de bien et il a épousé la fille du s. de La Prugne, sœur du procureur du Roi du présidial, ce qui augmente beaucoup son crédit et son autorité. Le lieutenant criminel, le s. de Salvert (3), a peu d'esprit et de jugement ; les mœurs n'en sont pas bonnes, mais il est riche de 100.000 l. Le s. Bonnet (4), lieutenant particulier, a de l'esprit et beaucoup de capacité ; il peut avoir 50.000 l. de bien, mais

(1) J.-B.-Alexis Chorllon, s. de Cherdemont, né en 1634, exerça sa charge de 1664 à 1698, et mourut en 1700. Il laissa des *Mémoires*, publiés par M. Autorde (Guéret, 1886, in-16). Voir aux Arch. de la Creuse le fonds Chorllon, E. 141-152.

(2) Louis-Antoine de Madot, s. de Bourdicaud, fils de Silvain de Madot et époux de Gabrielle Couturier de la Prugne, lieutenant général en la sénéchaussée depuis 1695. Silvain de Madot, ancien lieutenant général lui-même, avait un autre fils, Henri-Hyacinthe, capitaine de cavalerie, condamné en 1694 à la peine capitale pour s'être battu en duel à Paris, rue Saint-Honoré, et exécuté en effigie, qui, néanmoins, épousa en 1696 Marie-Anne de Fondriac, et fut définitivement forcé de se réfugier en Toscane. (Arch. de l'Hôtel-Dieu de Guéret, B. 16.)

(3) M. C. Pérathon, dans une étude sur *Les Laboreys, inspecteurs des manufactures d'Aubusson et de Felletin* (*Mém. de la Soc. des sciences nat. et archéol. de la Creuse*, années 1895-1896), cite Jacques Garreau, s. de Salvert, châtelain d'Aubusson, dont la fille, Anne, épousa François Laboreys de la Pigue qui mourut en 1708. Est-ce celui dont parle M. Le Vayer ?

(4) Henry Bonnet du Mas du Theil. Sur cette famille, voir les Archives de la Creuse, E. 88 et 89.

il a des affaires. Le s. Couturier de Fournoue (1), procureur du Roi, a de l'esprit et de bonnes mœurs ; il est accusé d'avoir trop bonne opinion de lui et d'être vindicatif ; il peut avoir 50.000 l. de bien. Le s. Roudaux de Beaumassat (2), avocat du Roi, a beaucoup d'esprit, de jugement et de capacité ; il est un peu fier, et a 30.000 de bien. Le reste de ces officiers sont assez bons officiers, mais ils se ressentent tous du climat ; ils sont cachés et vindicatifs, et fort désunis entre eux.

Les sénéchaussées de Bellac et du Dorat ressortissent par appel à ce siège présidial aussi bien que celle de Guéret pour les cas des premier et deuxième chefs de l'édit des présidiaux.

Quant aux officiers des châtellenies dépendantes de la sénéchaussée de Guéret, le s. Lejeune (3), châtelain de celle de Guéret et maire de ladite ville, a de l'esprit et peu de jugement et est fort entêté et vindicatif ; il n'a que 30 ou 40.000 l. de bien. Le s. Couturier de la Prugne (4), lieutenant en ladite sénéchaussée, a beaucoup d'esprit, de jugement et de capacité ; il avait 100.000 l. de bien, mais il a marié son fils, le procureur du Roi au présidial, et encore sa fille au s. de Madot, lieutenant général. Le président châtelain d'Aubusson, le s. Laboreix de la Pigue (5),

----

(1) Abdon-René Couturier de Fournoue, époux d'Eléonore Garreau, dont il eut un fils, grand vicaire de l'évêque de Limoges.

(2) François Roudeau, d'après M. F. Villard (op. cit.), qui le trouve en 1690 et en 1703. (En 1701, François Tournyol du Rateau était avocat du roi.) Ne serait-ce pas plutôt un Rondeau ou un Roudeoux, ces deux familles marchoises ayant fourni de nombreux magistrats au xvii° et au xviii° siècle ? (Arch. de la Creuse, E. 925-933.)

(3) Pierre Lejeune, s. de la Brosse et de Fressanges, qui mourut en 1744.

(4) Joseph Couturier de la Prugne, qui exerça ces fonctions jusqu'à sa mort (1719), fut un juriste distingué et laissa des notes sur les coutumes de la Marche.

(5) François Laboreys, s. de la Pigue, époux d'Anne Garreau. Le

est homme de distinction, qui fait beaucoup d'éclat, parle bien et représente de même ; mais il est trop hardi et trop entreprenant, et sa vivacité peut être dangereuse ; il peut avoir 40.000 l. de bien. Le président châtelain de Feüilletin, le s. Ruyneau de Bezut (1) aurait aussi du mérite, si la vivacité de son esprit, aigri par l'antipathie qui est entre lui et les officiers et bourgeois de Feüilletin ne l'avait brouillé avec tout le monde et engagé dans des involutions de procès qui mangeront 25 ou 30.000 l. de bien qu'il avait. Le s. Laboreix de Bospêche, aumônier de Mme la princesse, a beaucoup de réputation ; il a peu de bien et quelques bénéfices. Les autres châtelains (2) n'ont rien qui mérite d'être observé. Il faut seulement remarquer, qu'à la réserve de celui de Guéret, tous les autres ne demeureront juges royaux que jusqu'à ce qu'il ait plu à M. le maréchal de La Feuillade de rembourser leur finance et, après cela, les officiers seront subalternes et non royaux, en vertu de l'échange fait entre le Roi et M. le duc de La Feuillade de toutes ces châtellenies.

Châtellenies de Combraille

Le pays de Combraille consiste en cinq châtellenies, savoir : Évaux, Chambon, Lespaud, Sermur et Auzance.

caractère que lui reconnaît l'intendant se manifesta tant par son ardeur à combattre les protestants que par le conflit qu'il eut à cette époque avec le maire d'Aubusson. (Voy. p. 52.) Cf. l'étude précitée sur les Laboreys.

(1) Jean Ruyneau était alors en procès notamment contre Gilbert Brachet de la Gorse, Gilbert de La Pirardière, s. de Guymont, et autres. (Arch. de la Creuse, E. 948.)

(2) Jean Boery fut châtelain d'Ahun jusqu'en 1698, et se démit, à cette date, en faveur de Jean Rondeau, s. de Mastribut, proposé au roi, le 2 avril, par Louis, vicomte d'Aubusson, duc de La Feuillade. Jean Ron-

Toutes ressortissent par appel au bailliage et pairie de Montpensier dont sera parlé ci-après. Outre la châtellenie d'Évaux, il y a la prévôté et justice des religieux chanoines réguliers de Saint-Augustin qui est très considérable (1).

Justices d'Auvergne

Les quatre-vingts villes et paroisses d'Auvergne et réunies à la généralité de Moulins ressortissent sous deux principales juridictions. La première et la plus étendue est celle du bailliage et pairie de Montpensier, dont le principal siège est établi dans la ville d'Aigueperse. Son ressort s'étend sur la plupart des dites villes et paroisses unies à cette généralité, sur les franchises de Montpensier, sur le pays et châtellenie de Combraille, sur la baronnie d'École, et la principauté d'Aupme (2). Ce siège est composé d'un lieutenant général, un lieutenant particulier, un avocat et un procureur général fiscal. Le s. Grimaud, lieutenant général, est homme de mérite et fort accrédité dans le pays ; en effet, il a réuni à sa charge celle de maire dans la ville d'Aigueperse, et il est, en même temps, subdélégué de l'intendant de la province, en sorte qu'il rassemble en sa personne toute l'autorité ; cependant, il n'y a pas de plainte

deau mourut en 1707. (Abbé Lecler, *Les juges châtelains d'Ahun*, dans *Mém. de la Soc. des sciences nat. et archéol. de la Creuse*, 1894, p. 513.)

Le procureur en la châtellenie de Jarnages était, en 1699, Guillaume Meillet, notaire royal, probablement successeur de son père, Silvain Meillet, qui mourut le 14 avril de la même année.

(1) V.-A. Méliand avait été nommé prévôt en 1660 ; il démissionna en 1698, et la prévôté fut supprimée en 1729 sans qu'il eût eu de successeur. (Voy. P. de Cessac, *Liste des prévôts du monastère d'Évaux*, dans les *Mém. de la Soc. des sciences nat. et archéol. de la Creuse*, 1888, p. 101 et suiv.)

(2) Opme, Puy-de-Dôme, cant. de Clermont-Ferrand, commune de Romagnat.

contre lui, non plus que contre les officiers de ce siège. Sa charge se perd par la mort et tombe dans les parties casuelles de S. A. R. Monsieur; elle vaut cependant encore plus de 30.000 l. Il y a, dans Aigueperse, une maîtrise des eaux et forêts qui sont considérables en ce duché; elle est composée d'un maître particulier, un lieutenant, un procureur fiscal et un greffier en chef.

La deuxième juridiction considérable est le siège royal et bailliage de Cusset; c'était autrefois une lieutenance du bailliage de Saint-Pierre-le-Moûtier, pour les exemptions; cette lieutenance, en 1482, fut érigée en bailliage royal ressortissant nüement au parlement de Paris, à la sollicitation de Jehan Doyat (1), favori de Louis XI, qui avait été procureur du Roi dans ladite ville de Cusset. Il y a toujours eu une prévôté ou justice ordinaire exercée séparément jusqu'en 1640, qu'elle fut réunie audit bailliage de Cusset; il a déja été remarqué qu'à la réserve des cas du premier et du deuxième chefs de l'édit, l'appel de ce bailliage est porté nüement au parlement de Paris, ainsi que pour les affaires criminelles (2).

(1) Jean de Doyat, baron de Montréal, s. de Trinchault et de Vrageot, lieutenant et gouverneur des Haut et Bas pays d'Auvergne, bailli de Montferrand, capitaine de Cusset, puis banni du royaume et mort à Naples en 1495. Sur Doyat, faubourg de Cusset, voir Aubert de la Faige et R. de La Boutresse, *op. cit.*, 170-171. Jean de Doyat laissa deux enfants dont la postérité subsistait encore au xviie siècle.

(2) On trouvait alors au bailliage de Cusset : Jean Allemand, procureur du roi et subdélégué de l'intendant, marié à Thérèse Faulconnier; Jean-Joseph Gardin, s. de l'Aubepierre, président, marié à Jeanne Dusaray, fils de Gilbert Gardin et de Jeanne Allemand; Claude Dusaray, avocat du roi; Blaise-Etienne Du Floquet, s. du Brénat, lieutenant général; Jean de La Chaise, s. des Graves, lieutenant particulier.

CHAPITRE VI

Finances

Toute la généralité de Moulins est divisée en sept élections, savoir : Moulins, Nevers, Châtel-Chinon, Gannat, Montluçon, Guéret et Évaux-les-Bains. Les élections de Moulins, Nevers et Montluçon et partie de celle de Gannat, ressortissent par appel à la cour des aides de Paris. Les élections de Guéret, Évaux, Châtel-Chinon et partie de celle de Gannat ressortissent par appel à la cour des aides de Clermont-Ferrand. L'élection de Moulins est composée de neuf villes grandes et petites et 214 paroisses ou villages qui font 14.110 feux et 66.237 âmes. L'élection de Nevers est composée de sept villes et de 233 paroisses, et il y a 15.584 feux et 62.239 âmes. L'élection de Gannat, composée de douze villes et de 183 paroisses, contient 13.416 feux et 56.775 âmes (1). L'élection de Montluçon est composée de sept villes et de 122 paroisses, et contient 7.208 feux et 32.393 âmes. L'élection de Guéret est composée de sept villes et 300 paroisses, et il y a 19.278 feux et 75.187 âmes. L'élection d'Évaux en Combraille, est composée de cinq villes et 79 paroisses ; elle contient 4.691 feux et 20.654 âmes. L'élection de Châtel-Chinon est composée de deux villes et de 40 paroisses ; il y a 2.387 feux et 10.747 âmes.

(1) D'après un document de 1716, 15.828 feux et 34.697 habitants !
(Arch. nat. H¹ 1588, 38.)

Partant, dans la généralité de Moulins, il y a 76.622 feux et 324.232 âmes (1), suivant le dénombrement très exact qui fut fait le 22 février 1696, à l'occasion de la capitation. On convient qu'il peut y avoir eu des omissions, et que l'on en a même reconnu dans la suite, mais elles ne peuvent monter tout au plus qu'à un sixième, en sorte que l'on ne peut compter sûrement que sur 378.260 âmes. On prétend que la guerre, les dernières maladies et la famine de 1694 avaient emporté le cinquième ou le quart des âmes lors du dit dénombrement.

Toute la finance ou les revenus du Roi consistent dans les tailles, les cinq grosses fermes, les gabelles et les aides et droits y annexés, le domaine, le tabac, les postes, la vente des coupes des bois et forêts de Sa Majesté.

Tailles

La généralité de Moulins portait, de tailles et autres impositions y jointes, depuis 1603 jusqu'en 1634, et par années communes, environ 600.000 l.; depuis 1634 jusqu'en 1637 et 1638, elle portait près de 700.000 l.; elle portait près de 1.369.324 l. en 1639; depuis 1639 jusqu'en 1660, elle a porté près de 2.000.000 de l., et même, en 1649, elle porta jusqu'à 2.352.914 l. Mais, outre que, dans ce temps, l'élection de la Charité était de la généralité de Moulins, puis a été ensuite supprimée et remise dans la généralité du Berry en 1695, il y avait, dans ce temps-là, une infinité de non-valeurs (2), et l'abus en était si grand que l'on avait coutume, quand une élection était trop surchargée, de mettre ce qui devait être en non-valeur sur la montagne

(1) Le total des âmes est exact, celui des feux ne l'est pas et présente un excédent de 4.052 unités.

(2) « Les non-valeurs qui se trouvent sur les tailles et autres impositions sont rejettées l'année suivante sur la paroisse ou imposées par un second rolle. » (Dict. de Trévoux.)

du pays le plus stérile, et, dans l'élection de Guéret, il y a deux montagnes encore fameuses par l'imposition de 150.000 l. qu'on mettait sur chacune dont il ne revenait pas un sol au Roi, en sorte qu'au moyen de ces non-valeurs, ces tailles excessives ne produisaient pas, à beaucoup près, ce qu'elles font aujourd'hui ; c'est que, par les conseils de feu M. Colbert, ce grand ministre et le plus habile que la France ait eu dans le maniement de ses finances, le Roi a retranché toutes ces non-valeurs. En 1660, les tailles étaient encore à 1.720.409 l.; mais, depuis ce temps jusques en 1679 (1), elles n'ont point passé 1.550.000 l., et depuis, elles ont toujours diminué jusqu'en 1688 que l'imposition était seulement de 1.244.693 l. En 1690, 1691, 1692, 1693 et 1694, elles furent augmentées de 100.000 l. et montaient, en 1694 (2), à 1.330.189 l. Depuis ce temps, et en la présente année, elles ne sont plus que de 1.117.854 l.

Les gabelles et les cinq grosses fermes

Les cinq grosses fermes, les gabelles et les aides ont lieu dans le Nivernais (3) et dans le Bourbonnais, mais la pro-

(1) En 1667, d'après un état de la « valeur des finances » de la généralité, les recettes (principal de la taille, taillon, turcies et levées de la Loire et de l'Allier, impôts pour partie du remboursement des offices de l'élection de la Charité) montaient à 1.330.300 l. (Bibl. nat. ms. fr. n. a. 190, fol. 342-420.)

(2) Les tailles baissèrent en effet, à partir de 1694. Voy. une lettre de Le Vayer au contrôleur général, du 9 juillet 1694, écrite après réception du brevet des tailles de l'année suivante, et où l'intendant marque « l'admiration et la reconnoissance » des « peuples de cette généralité » ; « il est vray, dit-il, que nous estions encore tout étonnés à la vue de nos misères encore si récentes... » Cf. un rapport envoyé le 2 août 1695, par le sieur de La Condamine, trésorier de France, sur l'état des récoltes, du commerce, etc. (Boislisle, *Corr. des contr. gén.*, t. I, p. 370.)

(3) Voir un travail de M. Roubet, *Du faict de la gabelle*, dans le *Bull. de la Soc. nivernaise*, 1869, p. 32 et suiv.

vince de la Marche, le pays de Combraille et les villes et paroisses détachées de l'Auvergne sont, aussi bien qu'elle, hors de l'étendue des cinq grosses fermes, gabelles et aides. Ces pays se sont rédimés en 1553.

Les principaux bureaux d'entrée et de sortie sont à Gannat et Vichy, extrémités du Bourbonnais ; il y en a aussi à Montluçon, du côté de la Marche ; il y en a encore un à la Palisse, extrémité du Bourbonnais du côté du Forez ; mais, sous ces bureaux principaux, il y en a beaucoup de petits et de conserve.

Les droits d'entrée et de sortie, de subvention par doublement et les droits de marque et contrôle du papier qui se fabrique en Auvergne ont monté, en 1697, à la somme de 87.820 l. 16 s. 3 d. Le revenu des gabelles en cette généralité a monté, en 1697, à la somme de 662.994 l. 10 s., savoir : dans les greniers de vente volontaire du sel, à Moulins, Saint-Pierre-le-Moûtier, Decize, Moulins-Engilbert, Saint-Saulge, Château-Chinon, Nevers, Luzy, Sancoins, il s'est vendu au peuple et aux regrats 219 muids 9 septiers 2/4, dont le prix se montait à 474.705 l. Et dans les greniers d'impôts ou de vente forcée de Gannat, Vichy, Montluçon, il s'est imposé, en la dernière année qui a fini au dernier septembre 1697, 85 muids 3 septiers un minot et un quart, dont le prix monte à 188.289 l. 10 s. Ainsi, le total du revenu des dites gabelles et entrées de la généralité de Moulins est de 750.815 l. 6 s. 3 d. pour 1697.

Avant la guerre, en 1688, le revenu des cinq grosses fermes de la généralité était de 125.070 l. 5 s. 11 d., et des gabelles la somme de 833.754 l. 5 s.

Il faut encore observer en cet article, qu'outre les greniers à sel d'imposition et de vente volontaire établis dans la généralité, il y a encore les greniers de dépôts établis dans plusieurs autres lieux dont il sera parlé ci-après, où les marchands et toutes sortes de personnes vont porter le sel qu'ils ont été prendre dans les salorges, sur les passavants ou congés des contrôleurs et commis de dépôts, et le mettent dans de petits lieux séparés qu'on appelle dépôts, d'où il est distribué au peuple de l'étendue des paroisses assujetties à chaque dépôt, où elles prennent le sel au prix du marchand et pour leurs provisions seulement, car ces dépôts n'ont été établis que pour les empêcher d'en prendre dans les salorges plus que leur provision et d'avoir ensuite occasion de le revendre dans les pays de gabelle (1).

Aides

Les aides de cette généralité, consistant en droits sur la vente du vin en détail, les entrées du vin et autres denrées, le papier et parchemin timbrés, viennent d'être sous-fermées avec celles de la généralité du Berry à 434.000 l. Elles étaient portées par le bail précédent à 550.000 l., mais on avait été obligé de faire une diminution sur ce bail de plus de 150.000 l.

Comme ces deux généralités sont sous le même bail indistinctement, il est difficile de savoir au juste le produit de chacune, mais on juge à peu près que le contingent de cette généralité était de 300.000 l. par an.

Domaine

Presque tout le domaine est aliéné dans cette généralité ; il ne reste plus que la seule châtellenie de Guéret, dans la Marche, et la tour carrée de Saint-Pierre-le-Moûtier et ses dépendances appartenant au Roi, dont le revenu n'est presque rien, et le droit de 6 sols pour le contrôle des

(1) Sur le faux-saunage, voir plus loin, même chapitre.

exploits sur lequel il y en a 2 sols d'aliénés depuis la guerre, en sorte que tous les domaines sont affermés seulement aujourd'hui à la somme de 31.000 l. Les domaines aliénés sont, à l'égard du Bourbonnais (1) : le domaine et duché du Bourbonnais engagé à feu M. le Prince, par engagement du 26 février 1661, ainsi qu'il a été dit ci-devant (2) ; il est seulement à remarquer que, depuis ce contrat, M. le Prince a retiré les châtellenies de Bourbon, Montluçon, Hérisson, Verneuil, Ainay et Souvigny, qui étaient engagées à Madame d'Angoulême (3), et celle de Belleperche engagée à M. le président de Villars (4). Il est certain que le revenu de ces domaines et châtellenies engagés est considérablement augmenté, mais il est difficile d'en découvrir le prix et le revenu, parce que les officiers et fermiers de M. le Prince le cachent avec grand soin, et qu'on n'a pas cru qu'il fût à propos d'y entrer trop avant sans ordres particuliers du Conseil ; depuis ce temps, M. le Prince a engagé aussi la châtellenie de la Chaussière à la dame de Chamborant. La châtellenie de Murat a été engagée à la dame de Zamet, femme séparée de M. le marquis d'Antin (5), le 14 août 1645, moyennant 60.000 l., et à la charge de rembourser l'ancien

(1) Tout ce qui suit concernant le domaine est presque textuellement tiré du mémoire de Florent d'Argouges. (Cf. éd. Vayssière, p. 11 et suiv.)

(2) P. 84.

(3) Henriette de La Guiche, duchesse d'Angoulême, morte en 1682.

(4) Sans doute André Roy, s. de Villars et de Certilly, président au présidial de Moulins de 1635 à 1666, nommé président honoraire mais autorisé à exercer pendant cinq ans, malgré la résignation faite de son office à son fils Claude Roy, en 1665 (Arch. de l'Allier, B. 846); Claude mourut avant lui, en 1670, laissant, semble-t-il, un fils, Jean-Louis Roy, également président au présidial. Villars (Allier, arr. de Moulins, commune de Villeneuve) fut vendu en 1681, par décret, à la famille Heldin, de Paris.

(5) Roger-Hector de Pardaillan-Gondrin, marquis d'Antin et Montespan, avait épousé, en effet, Christine Zamet, fille unique de Jean Zamet, baron de Murat, gouverneur de Fontainebleau. Il était le grand-père de Louis-Antoine, duc d'Antin.

engagiste, dont le prix n'était point fixé ; les châtellenies
de Gannat et de Vichy engagées à M. le marquis d'Effiat,
ainsi qu'il a été ci-devant remarqué ; la châtellenie de Chaveroche, engagée à M. le marquis de Saint-Géran (1) qui
l'a revendue depuis aux dames religieuses carmélites de Paris.

A l'égard de Guéret, les châtellenies d'Ahun, d'Aubusson,
Feüilletin, Masvoudier, Drouilles et Jarnages ont été échan-
gées par les commissaires du Roi à M. le maréchal de La
Feuillade pour les terres de Saint-Cyr et les bois y joints
appartenant audit sieur de La Feuillade par contrat du
14 juin 1686.

A l'égard de la châtellenie de Chénerailles, elle a été
auparavant engagée à M. de Montagnac d'Estansannes,
conseiller au parlement de Paris, par contrat du 3 mars 1677,
pour la somme de 6.000 l.; mais, par le contrat d'échange
fait avec M. de La Feuillade, il lui est donné pouvoir de
retirer ladite châtellenie après que la liquidation de la
finance en aura été faite par commissaires du Roi et qu'il
sera tenu de payer.

Pour le domaine de Saint-Pierre-le-Moûtier, les fermiers
du domaine ont autrefois prétendu que le comté de Châtel-
Chinon a été engagé, et ils ont fait une instance pour raison
de ce à Mmes les princesses de Carignan et de Nemours,
qui est demeurée indécise, aussi bien que celle pour raison
du péage et bateau de la ville de Moulins.

Eaux et forêts

Par les mémoires qui en ont été faits il y a dix ou
douze ans (2), il paraît que le Roi a, dans la maîtrise de

----

(1) Claude-Maximilien de La Guiche, comte et non marquis de Saint-
Gérand.

(2) Cf. Florent d'Argouges, p. 18.

Moulins, 8.812 arpents de bois ; dans celle de Cérilly, qui est la plus considérable, à cause des forêts de Tronçais et de Grosbois, 28.878 arpents, et dans celle de Montmarault, 11.083 arpents. Le revenu de ces bois peut être, par année commune, de 10 à 12.000 l. de coupe réglée.

Ferme du tabac

La ferme du tabac peut monter, par an, à 20.000 l.

Ferme des bureaux des postes

Cette ferme peut monter, par an, à 25.000 l.; il n'y a que deux bureaux dans cette généralité, dont un est établi à Moulins et se régit aujourd'hui par un commis ; l'autre, qui est à Nevers, est affermé aux nommés Godin et Rossignol la somme de 11.010 l.

Ferme des poudres et salpêtres

Il y a eu autrefois des moulins à poudres dans l'élection de Montluçon, qui ont été ruinés. Il n'y en a plus à présent dans toute la généralité ; toutes celles qui s'y consomment viennent du magasin d'Orléans. La consommation est de 10 à 12 milliers de poudres ou environ, et peut valoir 12.000 l. par an.

Officiers

Pour la conservation de tous les revenus et la décision des différends qui peuvent naître en conséquence de la levée de ces deniers, il y a plusieurs sortes de juges établis, savoir : les officiers du bureau des finances de Moulins, la juridiction du domaine, les officiers des élections, les officiers des greniers à sel, les officiers des traites foraines, les juges des dépôts, les officiers des eaux et forêts du Roi.

Bureau des finances

Le bureau des finances de la généralité de Moulins fut établi par édit du 26 septembre 1587 (1) dans la ville de

(1) « HENRY, par la grâce de Dieu, roy de France et de Pologne, à tous présens et advenir, salut. Encores que la fidellité de nos officiers au faict de finances nous soit congneue par tant de bons services et debvoirs qu'ilz ont faictz à nous et à nos prédécesseurs pour l'assidue vigilance qu'ilz ont tousjours eue en leurs charges pour la conservation de noz deniers, mesmes durant les guerres civilles quy ont continué et continuent à nostre très grant regret..., et que aucuns de noz officiers ayant esté exposés en grand péril pour avoir esté forcés par les chemins, mesmes les receveurs de nos tailles, lorsque de quartier en quartier ilz font port et voeture de noz deniers ès receptes généralles où ils resortissent, pour estre les chemains des villes où sont scituées lesdites receptes généralles loingtaines et de dificille accèz, dont se seroit ensuivi par mesme moyen la perte de nosditz deniers, toutesfois, pour prévenir le mal et pourvoir doresnavant à telz inconvéniens mesmes en nostre païs de Bourbonnois et eslections circomvesines quy resortissent ès receptes généralles de Riom et Bourges, où les chemains sont inaccessibles et de peu de fréquentation, et afin de ne metre en péril nosdis deniers, lesquelz le plus souvant sont en danger d'estre vollez pour la grande distance des receptes particullières èsdites receptes généralles et le péril émynent de noz comptables ; ayant sur ce esté mis le faict en délibération en nostre Conseil, aussy qu'il est nécessaire pour le bien de nostre service avoir ung establissement de bureau et recepte généralle sur ce grand chemain de Paris à Lyon, où voulontiers les assignéz ausquelz noz trésoriers de l'espargne baillent leurs mandemens ont à faire à l'une ou à l'autre de nosdites villes, sans que iceulx assignéz seoient travailléz d'aller à Bourges ou en Auvergne pour prendre leurs assignations et mectre noz deniers en danger, comme semblablement espargner beaucoup de portz et voetures quy tumbent sur nos coffrez ; Nous, A CES CAUSES..., avons de nostre plaine puissance et auctorité royal *(sic)*, par édict perpétuel et irrévocable, créé et érigé et estably,

Moulins ; il n'y avait d'abord que deux présidents, huit trésoriers de France et deux receveurs généraux des tailles, deux contrôleurs, deux receveurs généraux du taillon, deux contrôleurs et un receveur particulier dans les élections de Moulins, Montluçon, Nevers, Gannat et Guéret, auxquelles on a joint, dans la suite, les élections de Combraille et de Châtel-Chinon. Aujourd'hui, cette compagnie se trouve considérablement augmentée, car elle est composée de vingt-trois trésoriers de France qui ont qualité de présidents trésoriers généraux de France, de deux avocats, d'un pro-

créons, érigeons et establissons ung bureau de recepte généralle et générallité de noz finances en nostre ville de Molins, pour estre l'une de noz villes la plus commode que nous avons pu choesir et rechercher pour les grands passages quy sont en icelle, où resortiront les receptes particulières de Molins, Montluçon, en Bourbonnois, la recepte particullière de Nevers, quy sont de la recepte générale de Bourges, semblablement la recepte particullière de Guéret et celles de Combrailles et Franc-Alleu, quy seront incorporées en une seule recepte, pour estre trop proche les unes des autres et de petite estendue, sans toutesfois suprimer les officiers ᴄudict Franc-Alleu, quy exerceront leurs charges audict Combrailles avecq noz autrez officiers cy-devant érigez, sinon que pour le regard des receveurs particuliers dudict Franc-Alleu, lesquelz nous avons suprimé et suprimons à la charge que les receveurs particuliers dudict Combrailles les rembourseront des deniers quy seront sans fraude ny desguisement entrés en noz coffres, en jouiront des mesmes gaiges et droictz lesdis receveurs dudict Combrailles comme en jouissent ceulx dudict Franc-Alleu ;... lesquelles eslections dudit Combrailles et Franc-Alleu incorporées en une et ladite recepte particullière de Guéret seront et les avons distraictes de la recepte générale de Riom pour resortir doresnavant en ladite-générallité de noz finances que nous avons establye et establissons audit Molins, comme au semblable les receptes particullières dudit Molins, Montluçon et Nevers avecq la recepte de Gannat, où nous avons, pour certaines causes et considérations, créé et érigé ung siège d'élection et recepte particulière de nosdites tailles et taillon, par nostre édict du présent moys de septembre ; et, pour ce qu'il est besoing que noz finances seoient bien et duement administréez en ladite générallité de Bourbonnois que nous establissons audict Molins, Nous avons, par cestuy nostre présent édict irrévocable, créé et érigé et estably, créons, érigeons et establissons deux présidens et huict trésoriers géné-

cureur du Roi, de trois greffiers et de six huissiers. Cette augmentation d'officiers n'a pas eu son fondement seulement dans la nécessité des temps et pour avoir de l'argent, mais aussi sur l'augmentation des tailles qui, constamment, sont augmentées de près de deux tiers depuis l'établissement du dit bureau.

Les fonctions des trésoriers de France sont comme partout ailleurs ; [ils sont] en possession de recevoir, tous les ans, les quatre états du Conseil : le premier, l'état du Roi des

raulx de France ; ensemble deux receveurs généraulx quy recevront des receveurs particulliers quy sont et seront establiz ès ellections de Molins, Montluçon, Nevers, Guéret, Combrailles et Gannat, tous nos deniers tant ordinaires que extraordinaires ; deux controlleurs généraulx ; ensemble deux receveurs généraulx du taillon quy feront semblablement receptes séparées, de nosdiz receveurs particulliers dudict taillon des eslections susdites, des deniers qu'ilz recevront pour la solde et entreténemeat de la gendarmerye ; deux controlleurs généraulx dudict taillon ; deux greffiers ; deux collecteurs de noz finances pour faire les contraintes nécessaires contre les receveurs particulliers, fermiers ou autres ; deux huissiers dudict bureau ;... pour, par lesdits officiers, chacun en son regard, jouir, oultre lesdits gaiges, des honneurs, auctorités, franchises, libertéz, fruictz, profitz, revenuz et esmolumens y apartenans et tout ainsy que jouissent les autres officiers de noz autres générallitéz et seront lesdits gaiges et droictz paiéz à chacun desdits officiers respectivement sur les deniers tant ordinaires que extraordinaires de la recepte géneralle dudict Molins par leurs quittances, ainsy qu'il est accoustumé ès autres générallités. Sy donnons en mandement à noz améz et féaulx les gens de noz cours de parlemens, chambre de noz comptes et court de noz aidez chacun endroict soy, que cestuy nostre présent édict ilz vériffient et facent enregistrer et le contenu en icelluy garder et observer de poinct en poinct selon sa forme et teneur sans souffrir qu'il y seoit contrevenu en aulcune manière, car tel est nostre plaisir ; et, afin que se seoit choze ferme et stable à tousjours, nous avons faict metre nostre scel à ces dites présentes, sauf en autres choses nostre droict et l'autruy en toutes. Donné à Paris ou moys de septembre l'an de grâce mil. vciiijxxvij. et de nostre règne le quatorziesme. Signées, sur le reply : *Par le Roy estant en son conseil*, DE NEUFVILLE, et scellé du grand scel de cire verte sur lacz de soye. »

(Copie du xvie siècle prise sur les registres du greffe du bureau des finances de Moulins. Arch. de l'Allier, C. 147.)

finances qui comprend la recette de toutes les impositions de chaque élection et la dépense des charges assignées sur icelles ; le deuxième, l'état du taillon et solde qui comprend la recette pour le fond du trésorier ordinaire des guerres et la dépense qui concerne le payement des officiers des maréchaussées établies en divers lieux de la généralité, pour la sûreté publique ; le troisième s'appelle l'état des bois, dont la recette est composée du prix de la vente des bois et forêts du Roi qui se fait chacun an par les grands-maîtres, et la dépense qui est destinée au payement des gages des officiers de maîtrises, gardes de bois, chauffages et vacations desdits officiers ; le quatrième est l'état des domaines, qui est composé des revenus du domaine de la généralité et des charges qui sont les pensions, fondations, rentes, fiefs et aumônes. Et, de leur côté, les officiers du bureau envoient, au commencement de chaque année, au Conseil des états qu'on appelle *par estimation,* des charges que les états du Roi des finances, du taillon, des bois et du domaine doivent comprendre, vérifient les états au vrai des receveurs généraux et particuliers des tailles et autres comptables, connaissent du fait de la voirie, et ont droit de veiller à la conservation des domaines du Roi, des deniers publics et des octrois des villes.

Mais, à l'égard des domaines, ils n'en ont presque plus la connaissance, parce que, comme il a été ci-devant remarqué, tous les domaines du Roi ont été presque entièrement aliénés, et, à l'égard de celui du Bourbonnais, la connaissance en est attribuée aux officiers du domaine qui sont en possession de la juridiction contentieuse et même de recevoir tous les aveux, dénombrements, actes de foi et hommage, depuis le 1er janvier 1688 ; et, à l'avenir, il n'a été réservé aux officiers du bureau, par arrêt du Conseil d'État en forme de règlement, que la réception des actes de foi et hommage et dénombrements dus au Roi, échus avant le 1er janvier 1688.

Quant à la voirie, ils sont en possession de connaître de la petite, qui consiste dans la connaissance des alignements des rues, toisages, mesurages, entreprises et changements de chemins, et les usurpations faites sur iceux ; mais la grande voirie, concernant la réparation des chemins royaux, construction et entretien des ponts et chaussées, s'exerce principalement par l'intendant de la province qui en a la principale direction, et fait faire devant lui et en son hôtel les adjudications ; il est vrai que pour marque de l'ancienne juridiction du bureau des finances, le Roi a coutume de nommer un commissaire de ce corps, qui assiste, avec l'intendant de la généralité, à l'adjudication des ouvrages (1) et à la réception d'iceux, et agit de concert et subordinairement avec ledit intendant. Ce même commissaire du bureau des finances avait coutume jusqu'ici, par un droit particulier et non usité dans les autres généralités, de travailler à la liquidation et vérification des états des étapes, conjointement et subordinairement avec l'intendant de la province, et ce commissaire avait 1.500 l. d'appointements du Roi, tant pour sa commission des ponts et chaussées que pour ladite vérification. Aujourd'hui, il a plu au Roi créer, par son édit du mois de juin 1696, un commissaire vérificateur général des étapes et obliger les trésoriers de France de ce bureau de le réunir à leur corps ; ainsi, à l'avenir, ils commettront l'un d'entre eux pour la vérification des étapes, qui travaillera avec l'intendant de la province.

Lesdits trésoriers de France font, tous les ans, leurs

(1) M. Le Vayer s'était plaint, à la fin de 1697, de ce que les trésoriers de France cherchaient à s'arroger le maniement des deniers d'octroi, sous le prétexte qu'ils étaient chargés de l'adjudication des travaux publics. (Boislisle, *Corr. des contr. gén.*, t. 1, p. 464.)

chevauchées dans les différentes élections et vont aux bureaux des élections où ils se font représenter les procès-verbaux de chevauchées des élus, et ensuite, ils envoyent leurs avis au Conseil sur la manière dont l'imposition et répartition des tailles doit être faite sur toutes les élections ; mais, ordinairement, celui qu'envoient, de leur côté, les commissaires départis dans les provinces, est suivi. Ils expédient leurs attaches sur les commissions des tailles qui sont adressées à l'intendant de la province et que celui-ci porte au bureau des finances ou qu'il y envoie par son secrétaire pour faire faire ladite expédition. Dans les autres généralités, l'un des trésoriers de France a coutume d'accompagner l'intendant de la province et d'assister au département des tailles ; mais, dans celle-ci, ils ne sont point dans cette possession, en sorte que, si l'on regarde ce bureau par rapport aux tailles qui sont peu considérables dans cette généralité, ou par rapport aux fonctions des officiers dont ils ont perdu la plus grande partie, il est certain que ce bureau n'est pas du nombre des six bureaux qu'on appelle grands bureaux des finances. Cependant, les officiers conservent toujours précieusement le souvenir de cette grande et ancienne autorité qu'avaient leurs auteurs quand ils avaient celle des grands voyers, des généraux des finances, en un mot presque toutes celles des intendants des provinces sur le fait de la finance, d'où vient qu'ils ne peuvent jamais les regarder d'un bon œil, et que, de temps en temps, ils font éclater contre eux, mais assez inutilement, des marques de leur inquiétude et de leur jalousie.

Les appellations des ordonnances du bureau pour ce qui regarde la finance sont portées au Conseil ; pour ce qui regarde la voirie et le domaine, elles doivent aller au parlement de Paris.

Le Roi a tiré, de temps en temps, des secours considé-

rables de ce bureau, aussi bien que de tous les autres du
royaume, par les taxes et réunions d'offices qu'ils ont
souffertes et payées ; comme le nombre de ces officiers est
grand et leurs fonctions très médiocres, l'utilité principale
de ce corps ne consiste que dans le secours que le Roi en
a tiré de temps en temps, mais leurs privilèges de commen-
saux de la maison du Roi, ès quels ils ont été confirmés,
en 1694, par la déclaration qui rappelle et confirme leurs
privilèges, sont si exorbitants et si fort à charge au public,
qu'il est impossible que les charges puissent demeurer
longtemps en cet état.

Le président ou plus ancien trésorier de France de ce
bureau est le s. Du Buysson de Beauregard (1), homme de
bien, sage, vertueux, bien intentionné pour le service du
Roi, mais qui, par sa douceur, n'a pas assez d'autorité
dans sa compagnie. Le s. de Villaines (2), qui est après lui,
est très habile, parlant très bien et ayant du savoir ; il est
très riche, mais il est si intéressé et d'une avarice si basse
et si connue, qu'il en a perdu tout son crédit et sa réputation. Le s. d'Avrilly (3) a toujours été choisi par le Roi
pour exercer la commission des ponts et chaussées et la
vérification des étapes, et avec justice, car c'est un homme
d'esprit bien intentionné pour le service et très capable de
le faire encore, si, malheureusement, depuis quelque temps,

(1) André Du Buysson, s. de Beauregard, reçu trésorier de France, à
Moulins, le 25 avril 1658, au lieu de Jean, son père.

(2) Nicolas de Villaines, reçu, en 1663, au lieu de Jean, son père, et
remplacé, en 1719, par Etienne Mercier. Il ne faut pas le confondre
avec un autre Nicolas de Villaines, s. de Bouis, reçu trésorier
en 1694, au lieu de Philibert Roux. *(Tableau chronologique de Messieurs
les présidents-trésoriers de France... de la généralité de Moulins...
Moulins, impr. de Etienne Vidalin, s. d. [après 1788].)*

(3) Jean Garnier, s. d'Avrilly, d'abord capitaine de cavalerie, reçu
trésorier de France, à Moulins, le 6 janvier 1663, au lieu de son père,
François Garnier. Il avait épousé, en 1657, dame Jeanne Hardy. (Arch.
de l'Allier, B. 742 et 744.)

il n'était incommodé d'une surdité qui le met presque hors du commerce de la société.

Des deux procureurs et avocats du Roi, il n'y a que le s. Coiffier (1) qui réside à Moulins ; il est fort intéressé et aimant la pratique, et pour cela il ne s'entend que trop avec les greffiers et huissiers du bureau.

Le prix des charges dudit bureau, en 1681, était de 75.000 l.; à présent, les plus fortes ne valent que 25 à 26.000 l., quoiqu'elles aient les unes 2.353 l. de gages et les autres 2.678 l.; il y en a quelques-unes qui n'ont que 1.660 l. 8 s. de gages, et qui ne vaudraient que 16 à 18.000 l. La dernière charge de procureur du Roi a été louée aux parties casuelles par le s. Coiffier pour 18.000 l. Les charges de greffier peuvent valoir chacune 5.000 l. Ces officiers payent à M. le Prince la paulette forcée, savoir : 285 l. 5 s. pour les trésoriers de France et gens du Roi, et 112 l. 10 s. pour les greffiers.

Officiers du domaine

Il n'y a, dans la généralité, que le seul siège du domaine de la ville de Moulins ; il est composé d'un lieutenant général, d'un lieutenant particulier, d'un procureur du Roi. Ces officiers se sont maintenus dans la possession de la juridiction contentieuse du domaine du Bourbonnais, et il vient d'être dit que, par arrêt du Conseil d'État du 27 janvier 1688, ils ont été maintenus dans le droit de recevoir toutes les fois et hommages, aveux et dénombrements rendus ou à rendre au Roi, depuis le 1er janvier 1688 ; et pour l'avenir, ils connaissent de tous les procès et

(1) Paul Coiffier, s. de Lavin, marié, en 1685 (Arch. de l'Allier, B. 746), à Marie de Lapelin, fille de Jean-Nicolas, s. de Boussat et de Losme, et de Suzanne Guillouët.

différends pour raison des cens et rentes du domaine et de l'exécution des baux de la ferme générale appartenant à M. le Prince.

Le s. de La Mothe de Riou (1), lieutenant général du domaine n'est pas fort riche; il est neveu du s. de Gourville, intendant de M. le Prince, ce qui l'autorise à pousser les droits de sa charge quelquefois un peu trop loin, et même les droits de M. le Prince pour se rendre plus nécessaire. Il a été ci-devant parlé du s. Vernin (2), lieutenant particulier de ce siège, au rang des officiers du présidial dont il est aussi assesseur. Le procureur du Roi du domaine est le s. Alarose (3), homme peu connu; mais il n'y a point de plaintes contre lui.

Officiers des élections

On sait que leurs principales fonctions sont : d'assister, avec le commissaire départi dans la généralité, au départe-

(1) François de Rioux, s. de la Mothe, originaire de Paris, avait épousé, en 1658, Marie Guérin de Chermont. Il était mort en 1717. C'est probablement le même que l'on trouve trésorier de France à Moulins (reçu le 4 août 1679) et qui fut remplacé, en 1715, par François Du Verdier.

(2) P. 111.

(3) Est-ce ce Gilbert Alarose, cité par Dom Bétencourt comme déjà mort en 1727, seigneur de la Baume et de Beauregard ? M. E. Le Brun (*Les ancêtres de Louise de La Vallière...*, p. 21) fait mourir, en 1680, un Gilbert Alarose, procureur du domaine de Bourbonnais, et lui donne comme femme Jeanne Bonnet. Or, nous trouvons dans les registres paroissiaux du Veurdre : 1° le 17 oct. 1677, Antoinette Farjonel, femme de M. Alarose, s. de Beauregard ; 2° *le 15 juillet 1681*, la même, femme de Gilbert Alarose, procureur du roi au domaine de Bourbonnais, non mentionné comme décédé. Enfin, un procès s'éleva vers 1715, entre Claude d'Albon, comte de Brioude et « damoiselle Dianne-Dorothée de Viusac, femme de maistre Gilbert Alaroze, conseiller et procureur du Roy en la chambre du domaine de Bourbonnois à Moulins, auparavant veuve de messire Jean-Louis de Rastoille ». (Arch. de l'Allier, E. 218.) Il faut sans doute admettre deux Gilbert Alarose, père et fils, procu-

ment des tailles ; de faire leurs routes ou chevauchées et dresser procès-verbal de l'état des fruits de la terre, des grêles et incendies qui sont arrivés, dont ils rendent compte audit département, où la voix du commissaire départi prévaut néanmoins à celle de tous ces officiers ; de juger les procès et différends des contribuables surtaxés ; de juger des abus commis par les collecteurs qui se sont déchargés ou leurs parents, et des autres malversations qui concernent les tailles ; de décerner les jugements de solidité contre les principaux habitants des paroisses et communautés qui ont nommé des collecteurs insolvables, et de juger, en un mot, de toutes les contestations qui naissent du recouvrement des tailles et même de celui du papier et parchemin marqué, des malversations des commis des aides, et, enfin, de viser les contraintes des receveurs contre les collecteurs des paroisses et de taxer les frais de leurs huissiers. Il faut présentement entrer dans le détail des sept élections de la généralité.

Moulins. — Cette élection est composée d'un président, d'un lieutenant civil, d'un lieutenant criminel, d'un vérificateur des rôles, d'un assesseur, de neuf conseillers élus, d'un procureur du Roi et d'un greffier.

Le s. Talière (1), président, est homme à son aise, qui ne

reurs au domaine, et dont l'un dut peut-être se marier deux fois. Un autre Gilbert Alarose, descendant directement de ceux-là, fut seigneur de la Bresne, de la Baume et d'Autry, et président trésorier de France à Moulins.

(1) Voici ce que dit sur les officiers de l'élection de Moulins le dénombrement dressé en 1696 pour la capitation (Arch. de l'Allier, C. 91, fol. 43 r° et suiv.) : « Le sieur Talière, président, vef ; une servante, un laquais. Le s^r Chaumeil, lieutenant, sa femme [morte], un fils de l'aage de 20 ans qui estudie à Paris, une fille avec luy de l'aage de 12 à 13 ans, deux fils jésuistes, une fille religieuse à Saincte-Marie ; deux servantes, un laquais ; il y a un jet d'eau dans son jardin.
. . . .
« Le s^r Mégret, procureur du Roy, vef avec deux filles de 18 ans et

manque d'esprit pour toutes autres choses que pour sa charge qu'il néglige trop ; il n'a pas de dignité, sa vie est obscure et il manque de crédit dans sa compagnie. Il n'y a, dans ce corps, de recommandable que le s. Chomel, lieutenant civil ; il est très habile, sage, désintéressé, zélé pour le service du Roi et du public ; c'est un véritable homme de confiance. Le s. Maigret, procureur du Roi, semble être né pour détruire cette compagnie par son peu de génie, son opiniâtreté invincible et son incompatibilité avec tous ses confrères ; aussi, il n'a aucun crédit parmi eux, et il néglige entièrement la juridiction. Le receveur des tailles, le s. Martin, est un des plus honnêtes hommes de la généralité, très riche, point intéressé, faisant très peu de frais, et dont tout le monde est content.

La charge de président peut valoir 15.000 l.; celles des élus 10.000 l., et celle du procureur du Roi 12.000 l.

Nevers. — L'élection de Nevers est composée d'un président, d'un lieutenant civil, d'un lieutenant criminel, d'un vérificateur des rôles, de huit conseillers élus, d'un procureur du Roi et d'un grefffier.

Le s. Brisson (1), président, est assez bon officier, commode et bien intentionné pour le service ; les autres officiers s'acquittent assez bien de leur devoir, mais le s. Pinet (2), procureur du Roi, est fort adonné au vin et à

au-dessous qui ont du bien acquis de leur mère ; une servante. . . . . .
. . . .

« M. Claude Martin, receveur des tailles, sa femme, une fille mariée au sieur Bolacre, lieutenant général, deux servantes, l'une de chambre et l'autre de cuisine ; un cocher ; deux laquais. »

(1) Guillaume Brisson appartenait à une très ancienne famille de la haute bourgeoisie de Nevers, qui a été anoblie et est aujourd'hui éteinte.

(2) D'une famille de robe, ancienne et bien alliée. A cette époque vivait noble Jean Pinet, s. de Tabourneau, lieutenant particulier du bailliage et pairie de Nevers, époux de Marie-Magdeleine de Cotignon.

la débauche, et se ressent trop du libertinage de la
profession des armes qu'il n'a pas faite assez longtemps
pour en prendre la vertu. Le s. de La Condamine (1),
receveur général des finances de cette généralité, est aussi
receveur particulier de cette élection; mais il fait exercer
par le s. de La Grange (2), son neveu, en vertu d'une
commission du Roi; ce commis ne fait pas son exercice
avec tout le désintéressement à désirer.

Les charges peuvent valoir, savoir: celle de président,
14.000 l.; celles des élus, 8.000 l.; celle de procureur du
Roi, 12.000 l.

Châtel-Chinon. — Cette élection est la plus petite de
toute la généralité, et peut-être que, quelque jour, le
Conseil jugera à propos de lui donner plusieurs paroisses
de l'élection de Nevers qui sont aux environs de la ville de
Châtel-Chinon et à plus de vingt lieues de celle de Nevers.
Elle est composée d'un président, d'un lieutenant civil, d'un
lieutenant criminel, d'un vérificateur des rôles, de trois élus,
d'un procureur du Roi et d'un greffier. Le s. Petitier (3)
en est le président; il a de l'esprit et s'applique; il est
aussi subdélégué de l'intendant de la province. Les officiers
de ce siège font assez leur devoir; mais il est surprenant
que jusques ici, dans une si petite élection, dont l'imposition n'est aujourd'hui que de 34.647 l., l'on y souffre deux
receveurs, au lieu qu'il n'en faudrait qu'un. Le plus ancien
receveur est le s. Du Feu, fort âgé, aimant le plaisir et

(1) Charles de La Condamine était encore en fonctions en septembre 1704. (Arch. de l'Allier, C. 103.)

(2) Ce Delagrange, d'après M. de Flamare, devait appartenir à une
famille de ce nom, de riche bourgeoisie du Morvan (Lormes et Saulieu)
qui donna, outre des marchands de bois, des notaires, des conseillers
au présidial de Saint-Pierre-le-Moûtier, etc.

(3) Jacques Petitier, s. du Breuil et de Neuvelle.

songeant peu à sa recette qui est entre les mains du
s. Ricault, fils de sa femme du premier lit, et qui songe
peut-être plus à ses affaires qu'à faire celles de son beau-
père. Le deuxième receveur est le s. Girardot, ci-devant de
la religion prétendue réformée, et très mal converti; cet
homme était plus propre pour le commerce des bois, qu'il
fait encore tous les jours, que pour une recette des tailles,
et il ne tient pas une conduite fort régulière. Mais ce qu'il
y a de plus fâcheux, c'est que le s. Du Feu et lui sont dans
des disputes continuelles, et le menu peuple souvent en
souffre beaucoup de frais.

La charge de président peut valoir 6.000 l.; celles des
élus 3.000 l.; celle de procureur du Roi 4.000 l.

Gannat. — L'élection de Gannat (1) est composée d'un
président, d'un lieutenant civil, d'un lieutenant criminel,
d'un vérificateur des rôles, de six conseillers élus, d'un
procureur du Roi et d'un greffier. Elle vient de perdre le
s. Des Palissards-Perrin (2), son président, homme de
mérite et subdélégué de l'intendant de la généralité; sa
charge n'est point encore vendue. Les officiers de ce siège
se piquent plus que les autres de régularité; ils sont aussi
fort éclairés de côté et d'autre, car ils sont entre l'intendance de Moulins et la cour des aides de Clermont qui est à
sept lieues de Gannat. Le s. Montanier, procureur du Roi,
s'applique et aime sa charge; il est sage et habile. Le receveur des tailles, le s. Lefèvre, est homme d'une conduite
sage et réglée, mais sec et dur et faisant beaucoup de frais.

(1) Cf. p. 35, n. 3.
(2) « Dame Marie Rouher, veuve de M⁰ Jean-Marie de La Faye-
Perrin, vivant conseiller du Roi, président en l'élection de cette ville de
Gannat, » est, en 1706, en procès contre « M⁰ Jean-Marie de La Faye-
Perrin, s. des Palissards, fils à feu Guillaume, vivant conseiller du Roi,
président en lad. élection ». C'est sans doute ce dernier dont parle
notre intendant. (Arch. de l'Allier, série B, châtellenie de Gannat.)

La charge de président peut valoir 12.000 l.; celles des élus 6.000 l.; celle de procureur du Roi 8.000 l.

Montluçon. — Cette élection est composée de treize officiers : un président, un lieutenant civil, un lieutenant criminel, un vérificateur des rôles, un assesseur, huit conseillers élus, un procureur du Roi et un greffier. Le président, le s. de Favières (1), est honnête homme, d'un esprit liant, doux et agréable, qui est accommodé et a beaucoup de dignité et de crédit dans sa compagnie. Les autres officiers y sont moins assujettis aux règles qu'ailleurs, et donneraient tout à l'autorité s'ils n'étaient retenus. Le s. Damer (2), procureur du Roi, est accablé d'affaires, honnête homme d'ailleurs. Le s. Theurault (3), receveur des tailles, est fort pesant et a peu d'intelligence, quoiqu'il ait de bonnes intentions, mais il faut de nécessité qu'il s'abandonne beaucoup sur la foi de son commis.

La charge de président peut valoir 20.000 l.; celles des élus 8.000 l.; celle de procureur du Roi 10.000 l.

Guéret. — L'élection de Guéret, composée d'un président, d'un lieutenant civil, d'un lieutenant criminel, d'un vérificateur des rôles, d'un assesseur, de six conseillers élus, d'un procureur du Roi, est la plus forte de toutes, ayant d'imposition 281.320 l. Le président, le s. Tourniol, (4) est un jeune homme qui a de l'esprit et de bonnes intentions, mais peu de savoir et aimant trop le jeu. Le corps est

(1) Pierre de Favières, s. de Chauvigny, fils d'Antoine, s. des Simons, et de Jacqueline Brotin, épousa Alberte Renaud et mourut en 1710.

(2) C'est sans doute une erreur de transcription des mss. Le procureur s'appelait alors Gilbert Bobinet, marié à Magdeleine de Brignat ; il mourut à 73 ans, en 1702.

(3) Jean Theurault, époux d'Anne Lassire, mort en 1720.

(4) M. F. Villard, *Notes sur Guéret...*, cite, en 1715, comme président de l'élection, Philippe Tourniol, s. de la Gorce.

généralement ignorant et trop occupé du jeu et du plaisir et du soin de ses affaires. Il y a néanmoins le s. Duclos, procureur du Roi, qui est un très bon officier, ayant de la vertu et de la capacité. Le s. Chardon (1) est receveur des tailles, mais comme il a d'autres charges à Paris, il réside peu à Guéret et s'en repose sur son commis qui est depuis peu établi.

La charge de président peut valoir 12.000 l.; celles des élus 6.000 l.; celle de procureur du Roi 8.000. l.

Évaux-en-Combraille. — Cette élection est peu considérable; elle a huit officiers : un président, un lieutenant civil, un lieutenant criminel et vérificateur des rôles, trois conseillers élus, un procureur du Roi et un greffier. Tous ces officiers sont doux et pacifiques, mais très ignorants; il n'y a que le s. Monnet-Descartes, subdélégué de l'intendant, qui ait quelque distinction.

La charge de président peut valoir 6.000 l.; celles des élus 3.000 l.; celle de procureur du Roi 4.000 l.

Officiers des greniers à sel

Le sort de ces officiers a toujours été fort chancelant et incertain. Ils étaient autrefois en titre; en 1685, on les réunit aux officiers des élections; en 1694, ils ont été remis en leur premier état et font aujourd'hui deux corps d'officiers séparés. Leurs fonctions sont de faire, dans les greniers d'impôt, le département du sel, en vertu de la commission qui est adressée au commissaire départi de la généralité et à ces officiers du grenier à sel; le département se fait en présence dudit commissaire dont la voix prévaut, ainsi que dans les bureaux des élections. Ils jugent ensuite

(1) Victor Chardon exerçait encore en 1704. (Arch. de l'Allier, C. 106.)

tout ce qui est en exécution de l'ordonnance des gabelles,
du faux-saunage (1), des contraventions et autres matières
de gabelles.

(1) Les faux-sauniers n'étaient pas toujours de simples vagabonds ou
de pauvres journaliers de la glèbe. En 1692, par exemple, on voit
que des cavaliers du régiment de Plessis-Praslin se livraient au faux-
saunage sur toute la ligne Gannat, Aigueperse, Ennezat. (Arch.
nat., G⁷. 408.) En 1695, ce furent deux escadrons du ban de Bourgogne, dont les commandants étaient rendus responsables, « sauf leur
recours contre chaque gentilhomme en particulier ». (Lettre de Le
Vayer, du mois de mai, p. p. Boislisle, *Corr. des contr. gén.* t. 1, p. 386.)
Les soldats recevaient généralement, des fermiers généraux des
gabelles, une légère gratification de sel qui leur ôtait ainsi la tentation
de frauder. En 1698, les fermiers de la généralité de Moulins la leur
refusèrent, s'exposant ainsi pour peu de chose, dit l'intendant (26 octobre,
ibid., p. 495), « à souffrir un versement de faux sel, ou bien à faire
périr de pauvres malheureux qui ne peuvent subsister de 5 sols de
paye surtout le blé estant cher, si on ne leur ayde ».
Voir encore sur le faux-saunage en Berry et en Bourbonnais un
mémoire présenté en 1691 au contrôleur général : « Dès qu'un paysan,
y lit-on, peut estre tenté par un insigne faussonnier chef de bande, ou
autrement, d'abord ce malheureux, s'il n'a pas d'argent, il commence
par vendre... ce qu'il a de plus précieux pour achepter poignard, dague,
espée, pistolets, fusil et autres armes, et, en cest estat, il abandonne
femmes, enfants, domestiques, terres, vignes... Ce malheureux, toujours
dans la nuit par les bois et par les chemins les plus affreux pour esviter
d'estre veu par les gardes, sort des limites de la province, va au rendés-
vous de sa bande pour charger du faux sel aux lieux où il s'en débite ;
quand ilz y sont arrivés en troupe, les uns vont en plaine nuit charger
le sel et les autres entourent les avenues dudit lieu, et, sy quelqu'un
malheureusement en sort qu'ilz le soubçonnent estre un espion qu'ilz le
reconnoissent ou autrement, il n'y a pas de quartier pour lui : ilz le
tuent sans miséricorde. Quand tous leurs chargemens sont faitz et
sortis hors du lieu, les voilà tous chargés en troupe de ce faux sel
à cheval ou porté à col, tous résolus de tuer ce quy s'opposera
à leur passage ou se faire tuer... » Ils cachent leur sel dans des
bois ou dans des maisons perdues dans la campagne, espionnent les
gardes, les corrompent si possible et, la nuit venue, entrent avec
leur sel « dans la province de la ferme ». Là ils trouvent des cachettes,
volontairement ou par crainte, car ils menacent du pillage ceux qui
refuseraient de les accueillir. Puis, « de parroisse en parroisse, de
maison en maison, ilz vont tenter tous ceux qu'ilz peuvent pour vendre
et débiter leur faux sel ; un pauvre artizan quy sans cela ne songeroit

Il y a, dans la généralité de Moulins, des greniers à sel d'impôt et des greniers à sel de vente volontaire. Les greniers à sel d'impôt sont ceux de Gannat, Vichy et Montluçon. Les greniers de vente volontaire sont Moulins, Saint-Pierre-le-Moûtier, Nevers, Sancoins, qui, pour toute autre matière, est de la généralité du Berry, Saint-Saulge, Moulins-Engilbert, Châtel-Chinon, Decize et Luzy. Ainsi, il y a donc douze greniers à sel et douze sièges qui doivent être composés : d'un président, d'un contrôleur, d'un grènetier, d'un procureur du Roi et d'un receveur, tous en titre d'office. Avant cette dernière guerre, les receveurs n'exerçaient que par commission, mais il a plu au Roi, par son édit du mois de décembre 1694, les ériger en titre, et comme les officiers receveurs pouvaient abuser de leurs fonctions plus que les autres, il a été permis aux fermiers généraux des gabelles de rembourser ceux de ces titulaires qui ne feraient pas leur devoir.

Comme tous ces offices n'ont été débités que dans ces derniers temps, on ne peut parler encore avec certitude de leurs mœurs et de leur conduite ; il est cependant fort à craindre, qu'ayant été presque tous forcés par la crainte des taxes d'offices avec désir de se mettre à couvert des misères publiques, ils ne s'acquittent pas de leurs devoirs qu'ils n'ont point du tout envisagés en se faisant officiers.

Officiers des traites

Il y a trois sièges de ces officiers : à Montluçon, Gannat et Vichy. Ils sont composés chacun d'un président, d'un lieutenant, d'un procureur du Roi et d'un greffier. Ces

qu'à faire son mestier, un laboureur à cultiver ses terres et vignes, se laissent malheureusement gagner par le prest qu'ilz leur en font... » D'après ce mémoire, on comptait en Berry et en Bourbonnais de 4 à 5.000 faux-sauniers. (Arch. nat., G². 407.)

juges connaissent des fraudes qui se commettent pour les entrées et sorties et ont été créés en titre d'office au mois de mai 1691 ; avant ce temps, cette juridiction s'exerçait par les officiers des élections et ensuite par des commissaires établis par les fermiers généraux.

Officiers des dépôts

Il y a neuf sièges de juridiction des dépôts, savoir : à Aubusson, à Auzance, à Guéret, à Esbreuil, à Évaux, à Saint-Gervais, à Aigueperse, à Cusset et à Saint-Pourçain. Ces sièges sont composés d'un président juge, d'un lieutenant, d'un procureur du Roi et d'un greffier ; leur juridiction s'étend à empêcher et punir le faux-saunage qui se commet dans l'étendue des lieux de dépôt et du pays rédimé limitrophe du pays de gabelle.

De tous ces juges, il n'y a que le s. de La Valazelle (1), président du dépôt de Guéret et Jarnages, qui soit de mérite et d'une capacité distinguée ; il est fort attaché et fort zélé pour le service, et ces qualités lui ont procuré la subdélégation de l'intendance dans la meilleure partie de la Marche et dans la ville de Guéret.

Il est à propos de remarquer en cet endroit, qu'outre les juridictions établies pour la conservation des droits des gabelles et des cinq grosses fermes, il y a encore une direction des gabelles établie dans la ville de Moulins, composée d'un directeur, d'un receveur général, d'un contrôleur général ambulant et de quatre capitaines inspecteurs sur les brigades.

Le directeur des gabelles, le s. Faure, a succédé dans cet emploi à feu son père (2) qui était très habile et un très

---

(1) Jean Guillon de la Valazelle, qui était encore président du dépôt de Guéret en 1716.

(2) Voir Florent d'Argouges, p. 29.

bon officier ; le fils est honnête homme et a de bonnes intentions, mais il est un peu trop mou et n'est point assez
vigilant pour un emploi de cette importance. Sa commission
était finie avec le dernier bail ; mais, appuyé du crédit et de
la protection de M. Le Pelletier, le ministre et l'intendant
des finances, il a été nommé de nouveau pour la direction
de ce nouveau bail. Il a sous lui, outre les officiers ci-
dessus nommés, quatre brigades ambulantes à cheval, de
six hommes chacune, qui ont leurs quartiers de rendez-vous :
l'une au Couhat, l'autre à Combronde (1), en Auvergne, et
les deux autres à Pionsat (2) et à Chambon ; cinq brigades
ambulantes à pied, de huit hommes chacune, qui ont leurs
quartiers de rendez-vous : l'une à Peyrat (3), l'autre à
Marcillat (4), et les trois autres, l'une à Esbreuil, l'autre à
Puy-Guillaume (5), et la troisième au Donjon. Il y a
trente-cinq autres brigades à pied composées de trois,
quatre, cinq et six hommes qui sont postées à Saint-
Gervais (6), Epinasse (7), Vergeas (8), Auzance, Bussière (9), Lupersat (10), Bellegarde, Montluçon, Saint-Alpi-
nien (11), Aubusson, Ribière (12), la Rochette (13), Saint-

(1) Puy-de-Dôme, arr. de Riom.
(2) *Ibid.*
(3) Peyrat-la-Nonière, Creuse, arr. d'Aubusson, cant. de Chénerailles.
(4) Allier, arr. de Montluçon.
(5) Puy-de-Dôme, arr. de Thiers, cant. de Châteldon.
(6) Puy-de-Dôme, arr. de Riom.
(7) *Ibid.*, cant. de Saint-Gervais.
(8) Vergheas, *ibid.*, cant. de Pionsat.
(9) Bussière-Nouvelle, Creuse, arr. d'Aubusson, cant. d'Auzance.
(10) Creuse, arr. d'Aubusson, cant. de Bellegarde.
(11) *Ibid*, cant. d'Aubusson.
(12) *Ibid.* Il y a plusieurs lieux dits la Ribière. C'est ou celui qui est
dans la commune de Bussière-Nouvelle, ou plutôt celui qui est dans
celle de Champagnat (cant. de Bellegarde).
(13) *Ibid.*, cant. d'Aubusson.

Martial-le-Mont (1), Moûtier-d'Ahun, Chantemille (2), Lezoux (3), Thiers, Ferrières (4), Saint-Clément (5), Arpheuille (6), Montaiguet (7), la Palisse, Vichy, Blot-l'Eglise (8), Manzat (9), Combronde, Martres-d'Artières (10), Entraigues (11), Clermont, Volvich (12), Riom, Gannat, Saint-Pourçain, le pont de Moulins et la Jolivette (13).

Outre les brigades ci-dessus, il y a encore vingt et un gardes distribués dans les greniers et dépôts pour le service d'iceux et pour travailler au recouvrement des sels prêtés (14).

Officiers des eaux et forêts

Il y a cinq maîtrises royales des eaux et forêts dans cette généralité, savoir : à Moulins, Nevers, Montmarault, Cérilly

(1) Creuse, arr. d'Aubusson, cant. de Saint-Sulpice-les-Champs.
(2) *Ibid.*, arr. de Guéret, cant. et commune d'Ahun.
(3) Puy-de-Dôme, arr. de Thiers.
(4) Allier, arr. de la Palisse, cant. du Mayet-de-Montagne.
(5) *Ibid.*
(6) Arfeuilles, Allier, cant. de la Palisse.
(7) Allier, arr. de la Palisse, cant. du Donjon.
(8) Puy-de-Dôme, arr. de Riom, cant. de Menat.
(9) Mansat, Puy-de-Dôme, cant. de Riom.
(10) Puy-de-Dôme, arr. de Clermont-Ferrand, cant. de Pont-du-Château.
(11) *Ibid.*, arr. de Riom, cant. d'Ennezat.
(12) Volvic, Puy-de-Dôme, cant. de Riom.
(13) Allier, arr. de Moulins, cant. de Souvigny.
(14) Le président Chorllon note (*Mém.*, p. 55) que c'est en 1667 qu'on commença d'établir dans la Haute-Marche des gardes et compagnies d'archers des gabelles à pied et à cheval, sur les ponts et passages de rivières, « et autres lieux que les commissaires et intéressés des gabelles voulurent et qui se trouvèrent dans la distance de cinq lieues du païs de gabelle ». Des commissaires de la cour des aides se transportèrent sur les lieux « pour faire faire les arpentemens nécessaires pour mesurer la distance ». Et les protestations des habitants n'empêchèrent pas que l'on ne mît des gardes, du Moûtier-d'Ahun à Fresselines, chargés de surveiller l'entrée frauduleuse du sel en Berry et en Bourbonnais.

et Guéret. Néanmoins, celle de Cérilly semble être plutôt du Berry que de la généralité de Moulins, parce que, quoique la plupart des bois soient de cette généralité, cependant le siège de cette maîtrise est établi à Cérilly, de la généralité du Berry.

Les fonctions de ces officiers sont si clairement expliquées par les ordonnances des eaux et forêts qu'il est inutile de les rapporter. Ce que l'on doit observer en passant est que les bois et forêts du Roi sont fort négligés dans cette généralité par le peu d'application des maîtres particuliers sur lesquels le grand maître, qui ne fait que des tournées fort rares et fort brusques, ne peut avoir assez de connaissance pour les rendre attentifs à leurs devoirs. Aujourd'hui que la paix générale fera cesser les affaires extraordinaires, l'intendant de la province sera plus en état de s'instruire à fond de cette matière qui n'est pas des moins importantes pour le service du Roi.

Après avoir parlé des revenus ordinaires du Roi, il est bon de toucher ici sommairement les impositions extraordinaires que la guerre a fait faire sur les provinces de cette généralité, ainsi que sur tout le reste du royaume. L'ustensile, fourrage et milice de l'année 1697 montaient à 534.663 l. Le double ustensile d'infanterie des villes montait à 81.250 l. La capitation de ladite année montait à 344.051 l. 10 s. Total : 959.964 l. 10 s.

On pourrait encore mettre en détail toutes les autres impositions extraordinaires qui ont été faites depuis le commencement de cette dernière guerre, par exemple celles des amortissements, de nouveaux acquêts et usages des communautés, celles des arts et métiers, des francs-fiefs et francs-alleux, des îles et îlots, etc..., qui ont tiré de cette généralité plus de 2.500.000 l. depuis 1691, c'est-à-dire près de 357.142 l. par an.

Mais à quoi bon retracer ces tristes images des misères passées qu'il est plus expédient d'ensevelir dans un éternel oubli et dont le souvenir ne peut être que très désagréable, même à ceux que la nécessité et la seule vue du salut de l'Etat ont réduits à ne s'y point opposer, mais bien plus dur encore à ceux que le lien d'une fidélité à toute épreuve à forcés de les souffrir. Il faut donc remarquer que, depuis la guerre, c'est-à-dire depuis 1688, cette généralité a fourni au Roi la somme de 3.585.775 l. 16 s. 3 d., par chacun an, savoir 2.268.669 l. 16 s. 3 d. pour les impositions et revenus ordinaires; 959.964 l. 10 s. pour l'ustensile et capitation; 357.142 l. pour les autres affaires nouvelles extraordinaires.

CHAPITRE VII

Commerce et Manufactures

Mais si on veut savoir comment une si petite généralité a pu souffrir cette somme si excessive (1), il faut rappeler en cet endroit tout ce qui a été si exactement remarqué dans le commencement de ce mémoire sur la qualité, propriété du pays et l'industrie des habitants, car ce sont les sources fécondes de toute cette finance, dont voici le détail en abrégé (2) :

1° le commerce des blés, des chanvres du Bourbonnais, du Nivernais et des pays distraits de l'Auvergne qui est très considérable ;

2° le commerce des vins de Creuzier, Saint-Pourçain et Montluçon ;

3° le commerce des bois du Bourbonnais, du Nivernais et surtout du Morvant, qui est de plus de 400.000 l. ;

4° le commerce du charbon de pierre, du côté de Decize en Nivernais, qui peut valoir 120.000 l.;

5° le commerce des bestiaux de toute la généralité, si étendu et si considérable qu'on ne peut l'évaluer ;

(1) Cf. p. 158.

(2) La création du conseil de commerce, qui date du 29 juin 1700 et tint sa première séance le 29 novembre de la même année, fut réclamée par Pontchartrain au mois de mai 1699. On trouvera dans les procès-verbaux conservés aux Archives nationales (séries F¹² et G⁷), et qu'a publiés M. P. Bonnassieux (Paris, 1900, gr. in-4°), des renseignements sur les manufactures et le commerce de la généralité de Moulins pour tout le xviii° siècle.

6º le commerce du poisson, qui peut valoir 300.000 l.;

7º le commerce des porcs dans les années de glandées, qui, quelquefois, monte à près de 300.000 l.

Outre ces fruits naturels du pays, les fruits de l'industrie des habitants sont :

1º le commerce du fer dans le Nivernais (1), qui peut valoir 300.000 l.;

2º celui du fer-blanc, 54.000 l. (2) ;

3º celui de la faïencerie et verrerie de la ville de Nevers, 200.000 l.;

4º la manufacture de draps de Châtel-Chinon, peu considérable;

5º la quincaillerie et coutellerie de Moulins, avec l'émail, qui produit environ 150.000 l.;

6º le travail de six mille ouvriers de la Marche qui sortent tous les ans et rapportent plus de 200.000 l.;

7º les manufactures d'Aubusson et Feüilletin de tapisserie, qui peuvent produire 80.000 l.;

8º la consommation qui se fait aux eaux de Vichy et Bourbon est de plus de 150.000 l.;

9º la consommation sur la grande route de Paris à Lyon et Auvergne ne se peut évaluer, mais elle produit des sommes extraordinaires;

(1) Colbert s'était vivement intéressé au fer du Nivernais : « M. de Terron m'écrit que le sieur Legoux est convenu que le fer du Nivernois estoit aigre, mais qu'il pourroit estre adoucy ; il faut que vous voyiez ce qui peut se faire là-dessus pour remédier à un défaut qui est essentiel... » (Lettre à Daliès de la Tour, fournisseur de la marine ; p. p. Clément, *Lettres*, t. III, 1re partie, p. 397, note.)

(2) Colbert disait dans un mémoire à MM. de Terron et de Seuil, du 3 juin 1666 : « L'on peut se passer de l'Allemagne pour le fer-blanc, vu que la manufacture en est à présent establie en Nivernois. » (*Lettres*, éd. Clément, t. III, 1re partie, p. 79.)

Sur la même question, voy. une lettre de Pontchartrain, contrôleur général, à M. Le Vayer, en date du 23 décembre 1697. (Boislisle, *Corr. des contr. gén.*, t. I, p. 467.)

10° la consommation des étapes pendant la guerre a été jusqu'à la somme de 228.358 l. en 1694; en 1695, de 177.430 l.; en 1696 et en 1697, de 130.000 l. En pleine paix, elle ne vaudra pas plus de 40.000 l.

Moyens de rétablir les manufactures

A l'égard du commerce qui se fait par le moyen des manufactures de fer-blanc et de fer, des tapisseries, des draperies, des coutelleries et des faïenceries, il faut espérer que la paix, remettant le repos et l'abondance dans les familles, va redonner à chacun le courage qu'il avait perdu. L'aise et la commodité est la mère des arts. Mais rien ne peut plus contribuer pour maintenir le commerce de fer en Nivernais que d'y soutenir les manufactures des boulets, ancres et même des canons (1) que S. M. y a fait faire pour

(1) Colbert avait surveillé jalousement les canons de marine du Nivernais qu'il voulait supérieurs à ceux de l'étranger. « Cette manufacture, disait-il en 1670, se perfectionne tous les jours... la matière en est aussy douce que l'estain... ils sont presque aussy légers que ceux de fonte, et... plus estimés que ceux de Suède et d'Angleterre... » Les capitaines avaient cependant une certaine répugnance à s'en servir; malgré des épreuves faites après la fabrication, et qui avaient donné satisfaction, ils les faisaient encore éprouver dans les arsenaux et beaucoup de canons s'y montraient insuffisants; « il y a quelque chose en cela, que je ne comprends pas encore, mais que je découvriray avec le temps », écrivait-il en 1671 à M. Daliès de la Tour. Il écrivait encore, le 23 juillet 1672, à l'intendant de Moulins : « J'ay esté bien aise d'apprendre que vous vous soyez trouvé à Nevers dans le temps de la dernière épreuve des canons qui s'y est faite et qu'il n'en soit crevé aucun... » Dans des instructions à son fils, du 2 avril 1673, malgré les déboires que lui avait procurés la fonderie de Nevers, il lui recommande de bien étudier la question; « cette manufacture, disait-il, est considérable et... a toujours esté traversée »; Seignelay ne se laissera « persuader de son défaut que par sa propre expérience ». (Voy. ses *Lettres*, éd. Clément, *passim*.)

Les forges du Nivernais fournissaient également des ancres, fabri-

la marine; d'attirer par des franchises et immunités les ouvriers pour la manufacture du fer-blanc qui serait aussi considérable que celle d'Allemagne, si elle était recherchée et soutenue autant qu'elle le mérite; de faire fournir aux ouvriers de tapisserie à Aubusson d'excellents dessins, d'empêcher qu'ils ne se servissent de mauvaises laines qui décréditent leurs ouvrages et de les aider en leur fournissant des laines fines et d'un bon teint; de faire la même chose à l'égard des ouvriers en draps de Châtel-Chinon : cette manufacture serait excellente si leur pauvreté n'était si extrême que, n'ayant pas de pain, ils ne peuvent acheter des laines ni faire la dépense nécessaire pour faire dégraisser leurs étoffes au foulon, ce qui rend leurs draps durs et de mauvaise odeur, quoique d'ailleurs très bons en qualité ; mais si, sans leur donner de l'argent en pur don, S. M. avait pour agréable de leur faire prêter sous-main quelques petites sommes qu'ils s'obligeraient de rendre à ceux qui les leur auraient prêtées, dans un certain temps, peut-être que ce moyen réussirait plutôt que si S. M. avait la bonté de leur faire quelque charité, car souvent ce dernier moyen ne sert qu'à autoriser la paresse, au lieu que le premier soutient et réveille l'industrie.

Cet expédient pourrait être pratiqué de même pour les tapisseries de Feüilletin et d'Aubusson ; l'essai en coûterait peu au Roi et peut-être rien du tout, pourvu qu'un intendant prudent et désintéressé voulût un peu s'y appliquer.

On pourrait encore engager quelques gros marchands à se charger de ces manufactures en lui faisant de bonnes conditions ; ce marchand entreprenant veillerait pour ses intérêts particuliers à tout ce qui pourrait faire rétablir ces

quées dans les forges du Moulin-Neuf, d'Imphy, de Crécy, de Cacherat, du Pont-Saint-Ours, du Gué-d'Heuillon (R. de Lespinasse, *Dépêches et mémoires du ministère de la marine sur les forges... du Nivernais.*)

manufactures et il ferait les avances à ces pauvres ouvriers.
Il faudrait enfin s'appliquer avec le même soin à faire exécuter les sages règlements qu'avait fait faire feu M. Colbert
pour les manufactures. Son rare génie, tout rempli de
la vue et de l'amour de l'abondance publique, n'a rien laissé
échapper de ce qui peut y contribuer, mais le principal
serait de choisir des inspecteurs et commis fidèles, entendus,
et qui ne se proposassent point leurs appointements considérables comme le seul objet de leur commission (1). On
doit, ce semble, se rapporter beaucoup en ce choix sur le
témoignage de l'intendant de la province qui connaît à fond
ordinairement le génie de ceux qui travaillent sous ses yeux
et sous ses ordres.

Chemins

Mais, après tout, le moyen le plus digne du règne d'un
grand prince et le plus sûr de faire fleurir le commerce
dans son royaume est celui de penser sérieusement à l'entretien et à l'embellissement des grands chemins que Jules
César y avait fait faire, et qu'on ne voit point sans conce-
voir encore du respect pour la grandeur romaine. Les
superbes palais que les princes font bâtir pour eux sont à
la vérité des monuments de leur grandeur, mais ils le sont
aussi de leur amour propre ; ils n'y ont cherché, la plupart
du temps, que leur plaisir et leur commodité. Mais les
grands chemins qu'ils font faire sont des monuments de
l'amour qu'ils ont pour leurs peuples et des preuves éter-
nelles de l'attention qu'ils ont eue pour le bien et l'avantage
de leurs sujets. Rien donc n'est plus digne de la gloire du
règne que nous voyons, qui est bien le plus éclatant et le

(1) Florent d'Argouges (éd. Vayssière, p. 24) réclamait en 1686 un
« inspecteur entendu » ; le poste ne fut créé qu'en 1731, sur le rapport
du contrôleur général Orry.

plus beau que fournissent les histoires anciennes et modernes, que d'achever d'exécuter dans cette généralité ce qui a déjà été si heureusement commencé à cet égard ; car il faut avouer que la route de Paris à Lyon, qui traverse cette généralité, est très large, très commode, et les pavés publics y sont parfaitement bien entretenus ; l'on continue toutes les années d'y faire quelques ouvrages.

Nous voyons les ponts de Nevers et de Saint-Pourçain qui sont grands et très solides ; outre cela, il y a ceux du Moûtier-d'Ahun, du Pont-à-la-Dauge (1) dans la Marche, de Saint-Menoux, de Cosne (2) dans le Bourbonnais, qui sont moins considérables, mais néanmoins assez grands, et une infinité de ponceaux que S. M. a déjà eu la bonté de faire faire sur toutes ses routes. Mais il y a deux ponts qui restent à faire, qui sont d'une nécessité indispensable et seront d'une très grande dépense, savoir : celui de la ville de Moulins (3), dont les devis et les mémoires sont actuellement entre les mains de M. le contrôleur général, et auquel on travaillera, selon les apparences, incessamment, et celui de Decize qui sera beaucoup plus long que celui de Moulins, mais dont la dépense ne sera pas si grande, par la commodité de son terrain et des matériaux qui sont sur les lieux.

Outre ces deux grands ponts, il y en a plusieurs autres moyens à faire pour maintenir le commerce du Bourbonnais avec la Marche, et de la Marche avec le Limousin. L'on a proposé cette année deux ponts à faire proche Villefranche ; il y en a encore un autre entre Montluçon et Gouzon, à une lieue et demie dudit Gouzon, qui est de la dernière nécessité pour le passage des troupes qui sont obligées la moitié de l'année de passer à pieds nus. Au sortir de Gouzon, dans

---

(1) Creuse, arr. et cant. de Guéret, commune d'Ajain.
(2) Cosne-sur-l'Œil, Allier, arr. de Montluçon, cant. d'Hérisson.
(3) Cf. p. 28.

le grand chemin pour aller à Aubusson, il y avait un petit
pont de quatre petites arches qui est abattu et impraticable,
quoique nécessaire. Il faudrait encore faire faire un petit
pont sur la rivière de la petite Creuse, au lieu appelé Ser-
vières (1), pour la voiture des vins de Montluçon à Guéret,
et celle des deniers de la recette générale à Moulins. Il
faudrait aussi rétablir le petit pont de pierre de Murat (2)
sur le grand chemin de Guéret à Limoges, et plusieurs
autres ponceaux et petits ouvrages dont on ne manque pas
tous les ans d'envoyer des mémoires sur les ordres de M. de
Pontchartrain qui, malgré toutes les occupations d'un ministère aussi pénible mais aussi glorieux que le sien, n'a pas
négligé un seul moment les moyens de soutenir, autant que
le malheur des temps l'a permis, l'utilité du commerce et
l'entretien des ouvrages et chemins publics.

Quant aux grands chemins de province à province et de
ville en ville, voici le temps propre pour y travailler utile-
ment. Ceux du côté de la Marche sont les plus aisés à
accommoder, et sans beaucoup de frais. Ils ne sont inaccessibles qu'en ce qu'ils sont trop étroits et pleins de rochers
qui, la plupart, y ont été roulés par les riverains pour en
décharger leurs terres ; le fond de ces chemins n'en est
jamais mauvais, parce qu'ils sont sur le roc et le tuf. Ainsi,
quand on élargirait les chemins qui n'ont pas huit pieds de
large et qu'on les mettrait à vingt pieds, on ne ferait pas
grand tort aux riverains qui, d'ailleurs, sont présumés avoir
usurpé sur ces grands chemins qui doivent être au moins de
vingt pieds de large (3). On obligerait en même temps les

(1) Creuse, arr. de Boussac, cant. de Jarnages, commune de Domérot.
(2) *Ibid.*, arr. et cant. de Bourganeuf, commune de Saint-Dizier.
(3) Le Vayer proposait, en 1696, de rétablir la sécurité sur certains
d'entre eux en les élargissant et en rasant les taillis qui les bordaient et
qui servaient d'asile aux malfaiteurs. (Boislisle, *Corr. des contr. gén.*, t. I,
p. 435.)

communes d'en arracher les haies qui ne sont pas bien faites (1). C'est une affaire si aisée qu'il est surprenant qu'elle n'ait point encore été exécutée.

Les chemins du Nivernais sont plus difficiles, en ce que le fond en est si mauvais qu'en hiver ce sont presque partout des précipices ; quand il plaira néanmoins au Roi, on ne laissera pas d'y travailler avec succès. Quand on veut bien connaître la nature d'un pays, il faut s'informer des secours ordinaires qu'il fournit naturellement, et, ordinairement, à ceux qui les recherchent de bonne foi, on n'en manque jamais. Quand on connaîtra donc sur tout cela les intentions du Roi, il sera aisé de donner des mémoires justes et exacts des moyens de les exécuter ; on peut, pour exciter le zèle des communes à ces sortes de travaux et sans frais leur accorder dans les départements des tailles quelque diminution sur les paroisses et tenir la main à ce que ceux qui ont travaillé en aient leur part ; cela a été pratiqué dans ces derniers temps auxquels on a fait faire un nouveau chemin de Moulins à Vichy, pour éviter le passage des bacs de la rivière d'Allier, et quelques autres petits ouvrages qui ont facilité l'accès des eaux de Bourbon, en sorte que, malgré les temps si fâcheux et le concours de tant d'impositions, cependant aucun de ceux qui ont travaillé ne s'en est plaint ; en effet, cette espérance de soulagement de leur taille les anime et les satisfait plus que de l'argent comptant, et c'est un moyen imperceptible de faire contribuer en quelque façon tous les autres habitants de la même élection sur qui on rejette cette diminution [et] qui contribuent ainsi à un ouvrage public qui les regarde tous.

Les chemins du Bourbonnais ne sont guère plus praticables, surtout en hiver, que ceux du Nivernais. Il s'y forme des fondrières qu'on appelle vulgairement « tartes bour-

---

(1) *Alias* fortes.

bonnaises » (1); elles n'ont presque point de fond; avec un peu de soin et de dépense, on pourrait y remédier. Mais il y a le chemin de la ville de Bourbon à Moulins et de Bourbon au Veurdre qu'il est absolument nécessaire de réparer (2). Cela est dû à la commodité du public et surtout d'une infinité de personnes de qualité et d'étrangers qui vont aux eaux; cela est dû au nom illustre de Bourbon qu'elle porte, et, avant les derniers ouvrages qui viennent d'y être faits, elle était en droit de reprocher l'oubli dans lequel elle est demeurée tant de siècles jusqu'à ces derniers temps qu'elle semble reprendre les premiers honneurs qu'elle mérite et qu'elle avait perdus.

Lieux d'étapes

Quant à la consommation des étapes, dont il a été ci-devant parlé comme l'un des moyens de remettre l'argent dans cette généralité, il est bon d'observer qu'il y a neuf routes ordinaires que tiennent les troupes et où l'étape leur est fournie: les routes du Limousin en Bourgogne, du

(1) Le dictionnaire d'ancien français de La Curne de Sainte-Palaye cite un passage de Brantôme où cette expression est usitée dans le sens indiqué ici.

(2) M. Le Vayer proposait, en février 1699 (lettres des 1ᵉʳ et 18), de recourir aux ateliers publics pour réparer les chemins, principalement ceux qui avoisinaient Moulins. Il faudrait, dit-il, les refaire par des « cailloutages ou des pavés ». La dépense pouvait sembler un obstacle, mais on commencerait le travail en se servant de gens du pays que l'on paierait pour qu'ils extrayassent de la pierre pendant l'hiver; cette pierre serait ensuite amenée aux endroits les plus défoncés par les métayers des paroisses voisines, qui, assurait-il, feraient sans déplaisir cette indispensable corvée. L'intendant voulait, avant tout, se passer du service des ponts et chaussées, où l'argent se gaspillait. Il insistait sur le mauvais état du chemin de Bourbon à Moulins, et demandait que l'on utilisât désormais la route de la Marche jusqu'à Souvigny, d'où on conduirait un chemin jusqu'à Bourbon. (Arch. nat. G7. 408.)

Lyonnais à Paris, du Lyonnais pour la Flandre, de
l'Auvergne pour la Flandre, de l'Auvergne pour la Bourgogne, du Limousin pour l'Auvergne, de la Marche en Berry,
du Berry en Lyonnais et du Bourbonnais en Berry.

La province du Bourbonnais a pour lieux d'étapes :
Moulins, Varennes, Saint-Gérand-le-Puy, Montluçon, Gou-
zon, Montmarault, le Montet, Bourbon, Igrande, Hérisson,
Villefranche, Chantelle-le-Château, Charroux, Gannat,
Vichy. Les troupes logent si rarement à Pierrefitte, Diou,
Chaveroche, Saint-Alire, qu'il n'y a point d'étapes établies ;
l'étapier rend aux habitants le prix de celles qu'ils four-
nissent dans l'occasion aux troupes.

La province du Nivernais a pour lieux d'étapes : Nevers,
Saint-Pierre-le-Moûtier, Decize, Saint-Saulge, Luzy ; quelques fois il passe des troupes à Moulins-Engilbert, mais
rarement, et il n'y a point d'étapes ordinaires établies à
cause de cela, aussi bien qu'à Cercy-la-Tour, Châtillon-en-
Bazois et Anlezy.

La Marche a pour lieux d'étapes : Guéret, Aubusson,
Feüilletin, Genouillat (1), Chénerailles ; il n'y en a point
d'établies à Murat, Fresselines, Ahun, Jarnages, à cause du
peu de passage.

Le pays de Combraille a pour lieux d'étapes : Auzance,
Sermur ; il passe rarement des troupes à Évaux et il n'y a
point d'étapier.

Dans le pays d'Auvergne dépendant de cette généralité,
il y a étapes à Cusset, Saint-Pourçain, mais il n'y en a
point à Puy-Guillaume et Pionsat, parce qu'il n'y passe
aussi des troupes que rarement.

Il a été ci-devant observé la manière dont les étapes sont
liquidées par des états arrêtés par un commissaire du corps
du bureau des finances, conjointement avec l'intendant de

(1) Creuse, arr. de Boussac, cant. de Châtelus-Malvaleix.

la province. Quand il s'agit, tous les ans, d'adjuger les étapes, l'intendant de la province reçoit les ordres de M. le contrôleur général de faire faire les publications et de recevoir sur les lieux les enchères ou mises au rabais, dont il dresse seulement un procès-verbal et donne acte des mises et l'envoie au Conseil, où l'on procède de la manière ordinaire à l'adjudication. Il est seulement bon de remarquer que jamais les étapes n'ont été adjugées à plus bas prix que ces dernières années ; elles étaient à plus de moitié moins qu'elles n'étaient dans le temps que les receveurs généraux en étaient chargés.

Il faut que les receveurs généraux de ce temps-là y aient prodigieusement gagné sur le Roi, puisque, dans les dernières adjudications qui ont été faites, les adjudicataires trouvent encore leur compte clair et liquide par les sous-traités qu'ils font aux sous-étapiers. Il est vrai que ces sous-étapiers ont furieusement abusé de leur emploi en traitant des routes entières, s'accommodant avec les maires et consuls des lieux d'étapes, en traitant des places mortes, même des places effectives. Cela s'est fait si communément et si ouvertement qu'il n'y a point de sous-étapier auquel on ne puisse aisément faire le procès. On en a donné des avis au Conseil, mais il en aurait peut-être coûté trop cher au Roi sur l'adjudication générale desdites étapes, qui auraient été beaucoup plus fortes, si l'on avait voulu suivre trop à la lettre les dispositions rigoureuses des ordonnances de la guerre sur le fait des étapes (1).

(1) Les étapiers ne dédaignaient pas, en effet, les gains illicites, témoin ce sous-traitant des étapes de l'élection de Nevers que l'échevinage de Saint-Pierre-le-Moûtier avait taxé pour son commerce des blés et autres denrées pendant la disette, « bien que sa qualité d'étapier ne lui permît pas d'en user ainsi ». (Lettre de Le Vayer au contrôleur général, 7 sept. 1695, dans Boislisle, *Corr. des contr. gén.*, t. i, p. 401.)

Les fréquents passages de troupes étaient, en outre, pour les populations, une charge des plus lourdes. En 1676, le procès-verbal de chevauchée de l'élection de Gannat constatait que la ville avait souffert

Total des revenus du Roi dans la généralité de Moulins.

Tailles.....................	1.117.854 l.
Cinq grosses fermes et gabelles	750.815 l. 6 s. 3 d.
Aides......................	300.000 l.
Domaines...................	31.000 l.
Eaux et forêts.............	12.000 l.
Ferme du tabac.............	20.000 l.
Ferme des postes...........	25.000 l.
Poudres et salpêtres........	12.000 l.
Total..............	2.268.669 l. 6 s. 3 d.

des gens de guerre de la compagnie de la Cornette blanche ; il en
était de même de Vichy, d'Ébreuil, de Chantelle, de Cusset, de Saint-
Pourçain. (Arch. de l'Allier, C. 94.) Deux ans après, M. de Ris, intendant, signalait à Colbert les abus commis dans la même élection, à
l'occasion des étapes. *(Lettres de Colbert*, t. iv, p. 124.) Une lettre datée
de Luzy, en 1692, note que les troupes de passage contraignent les
paysans à leur servir de guides ; « les paroisses en sont ruinées... »
(Arch. nat. G⁷. 407.) Les soldats gagnaient ainsi une impopularité que
justifiaient par ailleurs la besogne de police à laquelle on les obligeait
et la brutalité qu'ils apportaient dans cette partie de leur service. (Voir,
à propos de la révolte du papier timbré, en Bretagne, une lettre de
Mme de Sévigné à sa fille, du 30 octobre 1675.)

TABLE

DES

NOMS DE PERSONNES ET DES NOMS DE LIEUX

Les noms de personnes sont en caractères romains; les noms de lieux sont *en italiques*. On trouvera, au nom de chacune des principales villes de la généralité de Moulins, l'indication des passages concernant la ville elle-même, aussi bien que l'indication de ceux où il est traité des administrations et juridictions établies dans cette ville; le peu d'étendue du mémoire a semblé permettre cette fusion. Les noms de matières n'ont pas été relevés; le sommaire que l'on trouvera à la suite de cette table alphabétique constituera un guide suffisamment précis.

A

Ableiges (Gilles d'), 43 n.

Abon, 63.

Abrest, 87.

Age (l'), 83.

Ahun, 7, 53, 68, 70, 101, 122, 125 n., 135, 168. — Voir *Moûtier-d'Ahun (le).*

Aignan, 84.

Aigueperse, XI n., 22, 57, 107, 126, 127, 152 n., 154.

Aigurande-sur-Bouzanne, 54.

Ainay-le-Château, 1, 84, 112, 134.

Aix (la dame d'), 72. — Voir La Chaise d'Aix.

Aladane (dame). — 20 n.

Alaine (l'), rivière, 7.

Alamargot (François), 78 n.

Alarose (famille), 145.

Albon (Claude d'), 145 n.

Albon (Marguerite d'), 87 n.

Albret (duché d'), 84.

Alègre (comtesse d'), 81.

Alègre (Claude-Yves, marquis d'), 81 n.

Alet (l'évêque d'). — Voir Méliand (Victor-Augustin).

Alixand (Jeanne), 45 n.

Alixand (Pierre), 45 n.

Allemagne, 19, 160 n., 162.

Allemand (Jean), 127 n.

Allemand (Jeanne), 127 n.

Allier (l'), rivière, XII, 3, 4, 5, 6, 7 n., 8, 9, 17, 20, 23, 28, 38 n., 56 n., 131 n., 166.

Allots (les), 67.

Ally (Pierre, cardinal d'), 107 n., 108.

B

Champaigre, 25 n. 35, 67.
Champallement, 120.
Champdeniers (François de Rochechouart, marquis de), 106.
Champfeu (Bernard de), 115.
Champfeu (Jean-François de), 115 n.
Champfeu (Marie de), 86 n.
Champfeu (autre Marie de), 107 n.
Champlemy, 48.
Champvert, 120.
Champvoux, 63.
Chantelle, 9, 23, 58, 84, 88, 112, 168, 170 n.
Chantemille, 156.
Chapelain (Jean), 16 n.
Chapelette (la), 86.
Chapelle-Taillefert (la), 69.
Charbonnières-les-Vieilles, 86.
Chard, 71.
Chardon (Victor), 151.
Charité (la), 4, 11 n., 64, 116, 130, 131 n.
Charlemagne, 23, 56.
Charles-le-Chauve, 56.
Charles IV, roi de France, d'abord comte de la Marche, 11.
Charles IX, roi de France, 119.
Charlus. — Voir Lévy.
Charmeil, 87.
Charreton, 112 n.
Charreton (Marie), 113 n.
Charrière (Jean), 51 n.
Charrin, 120.
Charroux, 57, 88, 112, 168.
Charry des Gouttes (Antoine de), 83 n.
Charry des Gouttes (François de), 83.
Charry des Gouttes (Jean-Jacques de), 67 n.
Chassy, 92.
Château-sur-Allier, 38 n., 66,
Châteaubodeau, 83.
Châteaubodeau (le s. de), 82. — Voir Du Ligondès.

D

E

F

G

H

I

J

L

M

Q

Quincize. — Voir Pitois de Quincize.
Quinssaines, 67.

R

Rabusson (François), 35 n.
Raffier (Jacques), 37 n.
Rapine de Sainte-Marie (Annet-François), 120 n.
Rapine de Sainte-Marie (Louis-Antoine), 120.
Rastoille (Jean-Louis de), 145 n.
Raucourt, 106.
Ravet, 39.
Regnauldin (Thomas), 27 n.
Rémigny (Marie-Françoise de), 95 n.
Rémigny. — Voir Joux.
Rémond (Jeanne), 110 n.
Reugny (Élisabeth de), 107 n.
Reugny (Georges de), 90 n.
Revanger (famille), 56 n., 112 n.
Rhodes, 100.
Ribière, 155.
Ricault (le s.), 149.
Rillat (le), 107.
Rillat (le s. de), 107.
Riom, 55, 87, 156.
Riom (généralité de), 2, 54 n.
Riousse, 84, 112.
Ris, 59.
Ris (M. de), 170 n.
Riscles, 84.
Roanne, 4.
Rochechouart (Françoise de), 87 n.
Rochechouart (Gabrielle de), 92 n.
Roche-Dragon (maison), 103.
Rochefort d'Ally (Jean de), 107.
Rochefort d'Ally (Pierre de), 107.
Roche-Milay (la), 94.

S

T

Y

Z

CORRECTIONS

Page VII, note 4, au lieu de *G 408*, lire *G, 408*.

— 11 et page 13, dernière ligne, supprimer la virgule entre *blés* et *seigles*.

— 13, ligne 20, supprimer la virgule entre *blé* et *froment*.

— 24, ajouter en tête de la note 1 : M. Le Vayer veut parler de Robert, comte de Clermont.

— 41, dernière ligne de la note 2, lire *Lévy*, au lieu de *Lévis*.

— 47, ligne 12, lire *leurs* au lieu de *leur*.

— 62, — 21, lire *1.000 l.* au lieu de *100 l.*

— 77, — 8 de la note 2, lire *servaient* au lieu de *sevraient*.

— 81, — 1 de la note 3, lire *Gaspard* au lieu de *Caspard*.

— 84, — 22, lire *parce que* au lieu de *par ce que*.

— 89, — 2 de la note 4, lire *Françoise* au lieu de *François*.

— 91, — 1 de la note 2, mettre un — devant *Érard*.

— 92, — 2 de la note 3, mettre un — devant *Cassandre*; lire *fille* au lieu de *fils*.

— 99, ligne 1 de la note 1, lire *vice-sénéchal* au lieu de *viche-sénéchal*.

— 104, — 18, lire *feu* au lieu de *feue*.

— 110, — 14, lire *greffiers* au lieu de *greffier*.

— 111, — 19, supprimer la virgule après *écrit*.

— 120, — 16, lire *le* au lieu de *les*.

— 124, — 5 de la note 2, lire *siècles* au lieu de *siècle*.

— 146, — 4 de la note 1, lire *lieutenant* au lieu de *lieutenant*.

TABLE DES MATIÈRES

Achevé d'imprimer
le huit mars mil neuf cent six

PAR

CRÉPIN-LEBLOND

A MOULINS